Bernd Buchterkirch
Julia Söhngen

101 Museen in Hessen

Bernd Buchterkirch
Julia Söhngen

101 Museen in Hessen

societäts\verlag

1. Auflage

Satz: Bruno Dorn, Societäts-Verlag
Umschlaggestaltung: Bruno Dorn, Societäts-Verlag
Druck und Verarbeitung: Florjancic Tisk d.o.o
Printed in EU 2023
ISBN 978-3-95542-475-6

Besuchen Sie uns im Internet:
www.societaets-verlag.de

FSC
www.fsc.org
MIX
Papier | Fördert gute Waldnutzung
FSC® C106954

Druckprodukt mit finanziellem
Klimabeitrag
ClimatePartner.com/17357-2401-1004

INHALT

Vorwort ... 7

BÜDINGEN

01 50er-Jahre-Museum e.V. ... 8
02 Metzgermuseum ... 10

03 Jagdschloss Kranichstein ... 12
04 Hessisches Landesmuseum ... 14
05 Museum Künstlerkolonie ... 16
06 Schlossmuseum Darmstadt ... 18
07 Welterbe Grube Messel ... 20

FRANKFURT

08 Archäologisches Museum ... 22
09 Bibelhaus Erlebnis Museum ... 24
10 Deut. Architektur Museum ... 26
11 Deut. Romantik-Museum ... 28
12 Deutsches Filmmuseum ... 30
13 Dialogmuseum ... 32
14 Eintracht Frankfurt Museum ... 34
15 Ernst-May-Haus ... 36
16 Experiminta ScienceCenter ... 38
17 Feldbahnmuseum ... 40
18 Fotografie Forum Frankfurt ... 42
19 Frankfurter Kunstverein ... 44
20 Geldmuseum ... 46
21 Goethe-Haus ... 48
22 »Hallo Freiheit!« ... 50
23 Historisches Museum ... 52
24 Ikonen-Museum ... 54
25 Jüd. Museum Frankfurt ... 56
26 Junges Museum Frankfurt ... 58
27 Kunststiftung DZ Bank ... 60
28 Liebieghaus ... 62
29 Museum Angewandte Kunst ... 64
30 Museum für Moderne Kunst ... 66
31 MOMEM – Museum of Electronic Music ... 68
32 Museum für Kommunikation ... 70
33 Museum Giersch ... 72
34 Porzellan Museum ... 74
35 Schirn Kunsthalle ... 76
36 Senckenberg Naturmuseum ... 78
37 Städel Museum ... 80
38 Stoltze-Museum ... 82
39 Struwwelpeter-Museum ... 84
40 Deutsches Museum für Kochkunst u. Tafelkultur e.V. 86
41 Verkehrsmuseum ... 88
42 Weltkulturen Museum ... 90

GIEßEN

43 Gießkannen Museum ... 92
44 Mathematikum ... 94
45 Zentralheizungsmuseum ... 96

HANAU

46 Deut. Goldschmiedehaus ... 98
47 Geripptes Museum ... 100
48 Hessisches Puppen- & Spielzeugmuseum ... 102
49 Museum Schloss Philippsruhe ... 104

KASSEL

50 Bergpark und Schloss Wilhelmshöhe ... 106
51 Caricatura ... 108
52 Museum Fridericianum ... 110
53 Grimmwelt ... 112
54 Museum f. Sepulkralkultur ... 114
55 Neue Galerie – Hessen Kassel Heritage ... 116
56 Hessisches Braunkohle Bergbaumuseum ... 118

LAHN-DILL-KREIS
57 Leica Welt 120
58 Schloss Braunfels 122
59 Nationales Automuseum ... 124

LIMBURG-WEILBURG
60 Schloss Weilburg 126
61 Selterswassermuseum 128

MARBURG
62 Polizeioldtimer Museum 130

ODENWALD
63 Drachenmuseum 132
64 Deut. Elfenbein Museum 134

OFFENBACH
65 Deutsches Ledermuseum .. 136
66 Digital Retro Park 138
67 Haus der Stadtgeschichte .. 140
68 Klingspor Museum 142
69 Wetterpark Offenbach 144
70 Flipper- u. Arcademuseum .. 146

RHÖN
71 Deut. Feuerwehrmuseum .. 148
72 Deut. Segelflugmuseum 150
73 Dommuseum Fulda 152
74 Gedenkstätte Point Alpha .. 154

RÜSSELSHEIM
75 Opelvillen 156
76 Stadt- u. Industriemuseum .. 158

TAUNUS
77 Central Garage Automuseum 160
78 Hessenpark 162
79 Hochheimer Kunstsammlung 164
80 Kristallhöhle Kubach 166
81 Kronberger Malerkolonie 168
82 Museum Sinclair Haus 170
83 Römerkastell Saalburg 172
84 Schulmuseum 174

WETTERAU
85 Brunnen- und Bädermuseum 176
86 Burg Ronneburg 178
87 Jugendstilforum 180
88 Keltenwelt am Glauberg 182
89 Rosenmuseum 184

WIESBADEN
90 Aktives Museum 186
91 Frauen-Museum 188
92 Museum Reinhard Ernst 190
93 Museum Wiesbaden 192
94 Schloss Freudenberg 194
95 Mechanicum; Siegfrieds Mech. Musikkabinett 196

Über die Grenzen hinaus:

MAINZ
96 Fastnachtsmuseum 198
97 Gutenberg Museum 200
98 Kupferberg Museum 202
99 Landesmuseum Mainz 204

ENSPEL
100 Stöffel-Park 206

ASCHAFFENBURG
101 KirchnerHAUS 208

Die Autoren 210
Karte 211
Bildnachweis 216

Vorwort

Liebe Leserin, lieber Leser,

vielleicht kennen Sie auch das Vorurteil, dass es sich bei Museen um angestaubte Hallen handelt, in denen eine vornehme Stille herrscht und wo ausschließlich ein bildungsbürgerliches Publikum verkehrt? Dem setzen wir ein entschiedenes »Nein!« entgegen. Denn dank ausgefeilter museumspädagogischer Konzepte und ebensolcher Vermittlungsangebote haben sich die Ausstellungshäuser längst zu lebendigen Orten des Entdeckens, der Begegnung, des Austausches und Erlebens gewandelt. Wussten Sie übrigens, dass Hessen mit über 350 Museen zu den attraktivsten Museumsstandorten in Deutschland zählt? Und Frankfurt hat hier mit seinem gefeierten Museumsufer sicherlich die größte Strahlkraft.

Doch auch fernab der international berühmten Namen finden sich hierzulande spannende Ausstellungsorte und außergewöhnliche Sammlungen.

Manche dieser Perlen bewegen sich nicht im unmittelbaren Rampenlicht, zeigen jedoch einmalige Kostbarkeiten, die es unbedingt zu besuchen lohnt. Hierbei geht es keinesfalls darum, das eine zu lassen, um das andere zu tun. Besuchen Sie vielmehr weiterhin die renommierten Häuser und entdecken Sie zusätzlich Museen, die nicht zwingend in der ersten Reihe des Aufmerksamkeitsinteresses stehen. Und noch ein Tipp: Richten Sie Ihren Blick nicht nur auf die Exponate, sondern auch auf die Bauten selbst. Denn in vielen Fällen wurden diese nicht per se als Museum geplant und sind schon allein wegen ihrer Architektur und wechselvollen Geschichte äußerst interessant.

Und jetzt laden wir Sie ein, »101 Museen in Hessen« zu entdecken – seien Sie neugierig!

Julia Söhngen und Bernd Buchterkirch

01

Die 50er Jahre: Wirtschaftswunder und Kalter Krieg, prüde Spießigkeit und Rock'n'Roll – die Gegensätze könnten kaum größer sein … Wer Lust hat, eine Zeitreise in die Anfangsjahre der Bundesrepublik Deutschland zu unternehmen, der kommt am 50er-Jahre-Museum im ehemaligen Wirtshaus »Zum Schwanen« am Marktplatz in Büdingen nicht vorbei. Hier wird eine umfangreiche Sammlung präsentiert, die einerseits die Alltagskultur der Adenauer-Jahre zeigt und andererseits auch einzelne Facetten der damaligen politischen und gesellschaftlichen Entwicklung. Geboten wird sozusagen Geschichte live. Von Tütenlampen über Nierentischchen, Petticoat, Cocktailsesselchen, Musikbox bis zum roten Mopedroller der Halleiner Motorenwerke, den die Sängerin und Schauspielerin Cornelia Froboess 1959 zu ihrem 16. Geburtstag erhielt, wird hier alles gezeigt. Überhaupt haben zahlreiche weitere Stars jener Jahre, wie etwa Bill Ramsey oder Hazy Osterwald, dem Museum persönliche Gegenstände aus ihrem Privatbesitz zu treuen Händen überlassen. Die Installation von Wohnräumen, einer Milchbar, einem Tante-Emma-Laden oder einem Friseur-Salon machen das Alltagsleben plastisch. Gleichzeitig wird dadurch aber auch die Ambivalenz dieser gleichermaßen forschen wie prüden Zeit offenkundig, die zwischen »Muff und Moderne« – so heißt es auf der Internetseite des Museums – changiert.

www.50er-jahre-museum.de

Zwischen Muff und Moderne

50er-Jahre-Museum e. V.
—> Auf dem Damm 3
(Am Marktplatz),
63654 Büdingen

02

Wer noch nicht auf den immer stärker um sich greifenden Veggie- oder Vegan-Zug aufgesprungen ist und – oder falls dennoch – etwas über den traditionsrei-

Fleisch, Fleisch, Baby!

Büdinger Metzgermuseum im Schlaghaus e.V.
—> Altstadt 30,
63654 Büdingen

chen Beruf des Metzgers lernen möchte, dem sei ein Besuch im gleichnamigen Büdinger Museum wärmstens ans Herz gelegt. Denn hier erfahren die Besucher anhand von über 350 Ausstellungsobjekten alles rund um den Metzgerberuf aus vergangenen Jahrhunderten, können historische Metzgerwerkzeuge und -maschinen anschauen und nachvollziehen, wie damals geschlachtet wurde. Denn wussten Sie, dass Metzger einst zu den angesehensten Berufen zählte? Denn er war für die Grundversorgung der damaligen Zeit unabdingbar – anders als heute.

Der Ort für das Museum ist übrigens wohl gewählt, denn das Ausstellungshaus befindet sich im sogenannten »Schlaghaus«, einem bis 1895 gemeinsam genutzten Schlachthaus der ansässigen Fleischer. Das Besuchserlebnis komplett machen die historische Wurstküche sowie der Metzgerladen, der auch als solcher genutzt wird. Der absolute Hingucker ist hier die Original Majolika-Fleischtheke von Villeroy & Boch aus dem Jahr 1898. Über diesen Tresen gehen während der Museumsöffnungszeiten Schinken und Hausmacher Wurstwaren der drei Büdinger Metzgereien. Für Kindergeburtstage gibt es ein besonderes Erlebnis: Beim sogenannten »Wursteln« dürfen die Kleinen den Büdinger Metzgern nicht nur dabei zuschauen, wie diese Würste machen, sondern sogar selbst Hand anlegen und im Anschluss mit nach Hause nehmen. Kein Grund für Neid – das Angebot ist auf Anfrage auch für Erwachsene bei der Tourist-Information Büdingen zu buchen (06042–96370 oder mail@buedingen.info).

www.metzgermuseum.de

03 Begegnung mit der Natur

Museum Jagdschloss Kranichstein & bioversum Jagdschloss Kranichstein

—> Kranichsteiner Straße 261;
Kranichsteiner Straße 253,
64289 Darmstadt

Die Sammlung des Museums Jagdschloss Kranichstein ist ein einzigartiges Zeugnis der Jagdkultur, zusammengestellt aus den reichen Beständen der Landgrafen und Großherzöge von Hessen-Darmstadt und Hessen bei Rhein. Die bemerkenswerte Sammlung von jagdlichen Artefakten, darunter Jagdtextilien, eine der weltweit größten Wildbüchsensammlungen und kunstvolle jagdliche Ausrüstungsgegenstände, zeugt von der Historie der höfischen Jagd – von ihren Anfängen bis zur Barockzeit. Diese Exponate machen die gesamte Sammlung zu einer der bedeutendsten für höfische Jagd im deutschsprachigen Raum.

Ein weiterer Teil des Ensembles Jagdschloss Kranichstein ist das bioversum, welches im Zeughaus untergebracht ist. Es ist umgeben von einer außergewöhnlichen Vielfalt an Lebensräumen und Arten. Hier dreht sich alles um die einzigartige Beziehung zwischen Mensch und Natur in einer Landschaft, die über Jahrhunderte hinweg durch das Wirken der Landgrafen und die Jagd geprägt wurde. Diese gemeinsame Entwicklung von Mensch und Natur hat zahlreichen Tieren und Pflanzen in der Region ihr Zuhause gegeben. Das bioversum hat sich zur Aufgabe gemacht, dieses Zusammenspiel zu vermitteln und dabei die Bedeutung der biologischen Vielfalt und die Herausforderungen von biologischen Invasionen herauszustellen.
Als Mitmach-Museum bietet es zahlreiche interaktive Stationen,

die zum Erleben, Erforschen und Lernen einladen. Keinesfalls steht nur trockene Wissensvermittlung im Vordergrund, sondern das aktive Erfahren und Erleben von Natur und Kultur.

www.jagdschloss-kranichstein.de

Kulturelles Flaggschiff

04

Hessisches Landesmuseum Darmstadt
—> Friedensplatz 1, 64283 Darmstadt

Das Hessische Landesmuseum Darmstadt (HLMD) zählt zu den größten Häusern Deutschlands und vereinigt zahlreiche Sammlungen aus den Bereichen Kunst-, Kultur- und Naturgeschichte. Ebenso wie die Vielfalt beeindruckt die gleichmäßig hohe Qualität der Sammlung: Von Pieter Brueghel und Peter Paul Rubens über Arnold Böcklin, August Macke und Gerhard Richter umfasst die Gemäldesammlung über 440 ausgestellte Werke. Im umfangreichen Bestand der Grafischen Sammlung befinden sich Zeichnungen von Albrecht Dürer, Michelangelo und Rembrandt van Rijn. Zu den kostbarsten ihrer Art zählt die Sammlung mittelalterlicher Schatzkunst und Elfenbeinarbeiten. Auch die Jugendstilabteilung mit ihrer Schmucksammlung oder Raumensembles von Henry van de Velde ist weltweit bekannt. Zu den international bedeutenden Beständen gehört weiter der sieben Räume und 290 Werke umfassende größte Werkkomplex von Joseph Beuys, der »Block Beuys«. Zahlreiche Objekte der naturhistorischen Sammlungen sind von großer wissenschaftlicher Bedeutung. Weltberühmt sind die architektonisch in das Haus integrierten zoologischen Dioramen von 1906, aber auch die Skeletttherde von 100 Tieren und sensationelle Rekonstruktionen von Hominidenbüsten. In der Erd- und Lebensgeschichte beeindrucken unter anderem die zahlreichen Fossilien aus der UNESCO-Weltnaturerbestätte Grube Messel oder die mineralogische Sammlung.

www.hlmd.de

Das UNESCO-Welterbe Mathildenhöhe in Darmstadt, benannt nach Mathilde Karoline Friederike von Wittelsbach, der Gemahlin von Großherzog Ludwig III., birgt eine reiche kulturelle Geschichte. Im Jahr 1899 initiierte Großherzog Ernst Ludwig von Hessen-Darmstadt die Gründung der Künstlerkolonie auf diesem Are-

Aufbruch in die Moderne

Museum Künstlerkolonie
—> Olbrichweg 13a,
64287 Darmstadt

05

al, das Darmstadt zu einem Zentrum des Jugendstils und der europäischen Kunstentwicklung machte. Weltweit bekannt wurde die Mathildenhöhe durch ihre vier Ausstellungen zwischen 1901 und 1914. Während dieser Zeit entstanden bemerkenswerte Gebäude und Ausstattungen, die in eine Parkanlage mit Skulpturen, Brunnen und Gartenpavillons eingebettet wurden.

Insgesamt 23 Künstler prägten hier diesen Aufbruch in die Moderne durch experimentelle Architektur, eine neue Raumkunst und zukunftweisendes Design. Das Museum Künstlerkolonie ist im historischen Ernst-Ludwig-Haus untergebracht und erzählt die faszinierende Geschichte dieser Künstlerkolonie. Direkt ins Auge sticht die repräsentative Südfassade des 1901 nach Plänen des Architekten Joseph Maria Olbrich errichteten Gebäudes. Sie ist geprägt von der als »Paradiespforte« gestalteten Treppenanlage, dem omegaförmigen Portal mit vergoldeter Pflanzenornamentik sowie den von Ludwig Habich geschaffenen monumentalen Skulpturen »Mann« und »Weib«. Im Haus selbst beeindruckt ein Raum mit der originalen Innenausstattung eines Mathildenhöhenhauses von 1908. In den angrenzenden Räumen stehen u. a. Möbel und andere Gebrauchsgegenstände aus der Zeit.

www.mathildenhoehe.eu

06 Herrschaftliche Wohn- und Lebenskultur

Schlossmuseum Darmstadt
—> Residenzschloss 1, 64283 Darmstadt

Im Herzen Darmstadts, auf Initiative des letzten Großherzogs Ernst Ludwig, von Hessen und bei Rhein erstrahlt das Schlossmuseum in den ehemaligen Repräsentations- und Wohnräumen des Darmstädter Altschlosses. Seit 1924 öffnet es bereits seine Tore für kunst- und kulturinteressierte Besucher.

Die Kunstwerke, die Besucher hier bewundern können, sind ein Schatz vornehmlich aus dem alten Schlossinventar, das dem Großherzog nach seiner Absetzung als Privateigentum überlassen worden ist. Im Schloss selbst wartet eine Zeitreise durch die Jahrhunderte, da viele Zimmer in originaler Einrichtung gestaltet sind. In den nach Epochen eingerichteten Schauräumen findet sich neben Gemälden und Skulpturen eine breite Palette angewandter Kunst, die vom späten 16. bis zum frühen 20. Jahrhundert reicht – hierzu gehören u.a. Möbel, Tapisserien, Uhren, Glas, Keramik sowie Gold- und Silberarbeiten. Diese beeindruckende Sammlung ermöglicht einzigartige Einblicke in die herrschaftliche Wohn- und Lebenskultur von vier Jahrhunderten. Wie in einem lebendigen Geschichtsbuch dokumentiert das Museum die Geschichte der fürstlichen Residenz und des Hauses Hessen-Darmstadt sowie deren Verbindungen zu anderen europäischen Dynastien.

Obwohl das Museum 1944 in der Darmstädter Brandnacht fast völlig zerstört wurde, erstrahlt es 1965 nach dem Wiederaufbau im Glocken- und Kirchenbau des Residenzschlosses in neuem Glanz, die Räume wurden dem alten Schlossmuseum

nachempfunden und mit originalen Ausstattungsstücken eingerichtet.

www.schlossmuseum-darmstadt.de

07 Zurück in die Zukunft

Besucherzentrum Welterbe Grube Messel

—> Roßdörfer Str. 108, 64409 Messel

Ungewöhnlich und faszinierend ist schon das Gebäude des Besucherzentrums am nördlichen Geopark-Eingangstor, das die aufgestellte Schichtstruktur des Ölschiefers widerspiegelt. In der Ausstellung erfahren die Besucher alles, was die Wissenschaftler in akribischer Arbeit über die frühe Evolution der Säugetiere und deren Entwicklungsgeschichte zusammengetragen haben. Wie an einem Puzzle arbeiten hier Menschen unterschiedlicher Fach- und Wissenschaftsbereiche miteinander und ergänzen, vervollständigen oder erneuern das Gesamtbild jener Zeit vor über 48 Millionen Jahren.

Die Fossillagerstätte Grube Messel bei Darmstadt gilt als »Fenster zur Urzeit« und wurde 1995 als erste Weltnaturerbestätte Deutschlands in die UNESCO-Welterbeliste aufgenommen.

Sie wird von der Senckenberg Gesellschaft für Naturforschung als Wissenschaftsbergbau betrieben und versteht sich als Begegnungs- und Austauschstätte von Wissenschaft und Öffentlichkeit. Hier soll bei den Besuchern nicht nur die Neugier für die Forschung geweckt, sondern auch die Verantwortung für die Erde aufgezeigt werden.

Der erste Fund war 1876 ein Alligatorenskelett, in der Zwischenzeit wurden mehrere 10.000 Fossilienfunde geborgen, darunter mehr als 1.000 verschiedene Tier- und Pflanzenarten entdeckt – unter anderem 30 vollständig gegliederte Skelette. Die berühmtesten Stücke sind die fossilen Überreste prähistorischer Pferde wie Eurohippus. Jeden Tag finden

Führungen für die unterschiedlichsten Zielgruppen statt, für Senioren sogar im elektrisch betriebenen »Welterbe-Express«.

Anmeldungen per Telefon: 06159-717590, www.grube-messel.de

08

Wurzeln der Stadt

Archäologisches Museum Frankfurt
—> Karmelitergasse 1,
60311 Frankfurt

Längst vergangene Zeiten werden im Archäologischen Museum in Frankfurt lebendig. Funde aus 200.000 Jahren zeigen, wie Menschen einst lebten, liebten, arbeiteten, kämpften, glaubten und feierten. In der restaurierten Kirche des ehemaligen Karmeliterklosters und dem Bau des Architekten Josef Paul Kleihues erfahren Erwachsene und Kinder auf anschauliche Weise mehr über versunkene Lebenswelten. Die altsteinzeitliche Jägerkultur, die ersten jungsteinzeitlichen Bauern in Frankfurt, Kelten, Römer und Germanen werden mit Originalfunden und in Lebensbildern präsentiert. Die bedeutenden Funde stammen aus umfangreichen archäologischen Ausgrabungen. Hierzu zählen u.a. die Grabungen in der römischen Stadt NIDA (Frankfurt-Heddernheim), der Frankfurter Altstadt und im ehemaligen jüdischen Ghetto am Borneplatz. Daneben stehen bedeutende Sammlungen des Alten Orients und der Klassischen Antike. Sonderausstellungen zu den Kulturen Alt-Europas ergänzen das Angebot.

Als eines der wenigen Museen in Deutschland widmet sich das Archäologische Museum ausschließlich der Archäologie. Es ist das zentrale Archiv für die archäologischen Denkmäler aus dem Stadtgebiet, die durch die Grabungen des städtischen Denkmalamtes kontinuierlich erweitert werden. Daraus ergibt sich die Aufgabe der Erforschung und Vermittlung der frühen Geschichte und Archäologie Frankfurts und seines Umlands. Zum Museum gehört auch die Dependance »Kaiserpfalz franconofurd« – auf dem Domhügel werden Einblicke in 2.000 Jahre Stadtgeschichte sichtbar.

www.archaeologisches-museum-frankfurt.de

09 Zeitreise in die Welt der Bibel

Bibelhaus Erlebnis Museum
—> Metzlerstraße 19, 60594 Frankfurt

Ein Besuch im Bibelhaus?! Oh, mein Gott! Ganz genau: Um den geht es hier. Na ja, zumindest auch. Denn eigentlich beschäftigt sich das Bibelhaus Erlebnis Museum, das im Jahr 2003 in einer ehemaligen Kirche eröffnete, mit dem sogenannten »Buch der Bücher«, der buchstäblichen Grundlage unserer Kultur und der drei abrahamitischen Weltreligionen Judentum, Christentum und Islam. Wer die Bibel nicht kennt, dem erschließen sich viele Werke aus Kunst und Literatur nicht. Und wussten Sie, dass selbst ein Ausspruch wie »Perlen vor die Säue« hier seinen Ursprung hat?

Über 330 Fundstücke aus archäologischen Grabungen im Heiligen Land werfen ein ungewohntes Licht auf die biblische Welt und ihre Menschen von der Antike bis zur Gegenwart und verdeutlichen die sozialen, kulturellen und politischen Hintergründe der biblischen Erzählungen. Und das ist alles andere als dröge – dafür sorgen die zahlreichen Mitmachelemente wie der originalgetreue Nachbau eines Fischerbootes vom See Genezareth aus der Zeit Jesu oder ein begehbares Nomadenzelt, die Kulturgeschichte zum Anfassen bieten und die historische Forschung museal zu einem Erlebnis werden lassen. Audio- und Videostationen machen mit aufwendigen Modellen zum Beispiel den Tempel in Jerusalem anschaulich und dank zahlreicher digitaler Angebote kann man das Museum auch virtuell erleben. Erwachsene und Kinder mit Interesse an biblischen Geschichten, Reisen, Rätsel und Archäologie werden begeistert sein. Und wer möchte, darf sich auf dem Nachbau einer Gutenbergpresse auch eine eigene »Raubkopie« einer Bibel-

seite im Schriftbild der Reformationszeit drucken und mit nach Hause nehmen.

www.bibelhaus-frankfurt.de

Heinrich Klotz, der Gründungsdirektor des Deutschen Architektur Museums (DAM), wollte ein Haus schaffen, dessen Gestalt sich mit dem Inhalt verbindet und so selbst zum Erzählstoff wird. 1984 eröffnet, war das DAM nicht nur das erste Architekturmuseum in Deutschland, sondern auch das erste Haus, das für die bahnbrechende Idee eines Museumsufers realisiert wurde. Hierfür wurden damals 39 alte Villen von Adelsfamilien

Bauen an der Zukunft

Deutsches Architektur Museum (DAM)
—> Schaumainkai 43, 60596 Frankfurt

10

an der Ufer-Promenade umgebaut und umgewidmet.

Seit Oktober 2021 ist das DAM wegen umfassender Sanierungs- und Bauarbeiten an seinem Stammsitz am Schaumainkai geschlossen. Bis zur Eröffnung ist man in eine gut 400 Quadratmeter große Fläche in einem leer stehenden Bürokomplex in der Henschelstraße 18 im Frankfurter Ostend gezogen und nutzt diese als Interimsquartier für Ausstellungen und Vorträge. Außerdem gibt es immer wieder Kooperationen mit anderen Kultureinrichtungen wie zuletzt anlässlich des Paulskirchen-Jubiläums in der Paulskirche oder mit dem Hessenpark in Neu-Anspach. Gleichzeitig nimmt das DAM als baukulturelle Einrichtung regelmäßig an Initiativen und Modellprojekten im Stadtraum teil – etwa beim »Sommer am Main«, um zu erfragen, was eine Stadt braucht, damit sich hier alle wohlfühlen. Oder mit dem »Wohnzimmer Hauptwache«. Zudem gibt es spezielle Workshops, die etwa an Schulen angeboten werden. Und die Legobaustelle in der Orangerie im Günthersburgpark ist sowieso Kult.

www.dam-online.de

11 Mehr Gefühl, bitte!

Deutsches Romantik-Museum
—> Großer Hirschgraben 21,
60311 Frankfurt

Wenn man das Wort Romantik ausspricht, dann ziehen vor dem geistigen Auge nicht selten klischeehafte Bilder eines Sonnenuntergangs, Kerzenschein oder rote Rosen vorbei. Dabei ist die Epoche der Romantik (ca. 1790 bis 1850) weit mehr gewesen – am besten entdecken lassen sich ihre Ideen im Deutschen Romantik-Museum, dem weltweit ersten Museum, das sich der Epoche der deutschsprachigen Romantik als Ganzes widmet.

»Die Welt muss romantisiert werden«, schrieb der Philosoph Georg Philipp Friedrich von Hardenberg, besser bekannt als Novalis. Die Romantiker verstanden sich als Gegenbewegung zu den aufgeklärten Menschen, die ihrer Auffassung nach doch viel zu rational unterwegs waren. Sie hingegen setzten auch auf Gefühle, um die Welt in ihrer Gesamtheit zu erfassen. Und wollten wieder mehr eins mit der Natur sein.

An 35 modernen Stationen der Dauerausstellung erleben die Gäste die Romantik nicht nur als kulturelle Epoche, sondern auch als Geisteshaltung. Hier werden nicht einfach Fakten präsentiert, sondern Geschichten erzählt. Geschichten von der Sehnsucht nach dem Unerreichbaren, von der Verbundenheit mit der Natur und von der Suche nach dem wahren Selbst. Neben den ausgestellten kostbaren Originalen ist die »Interaktive Landkarte« eine der Attraktionen. Sie zeigt geografische Orte, Begegnungen und Inspirationen der Romantiker. Von einem Stockwerk zum nächsten führt die schmale »Himmelstreppe«. In einem bläulich schimmernden Treppenraum verjüngt sie sich in Höhe und Breite und erweckt

die Illusion unendlicher Länge; ein Symbol für den Weg der Romantiker ins Unbekannte.

www.deutsches-romantik-museum.de

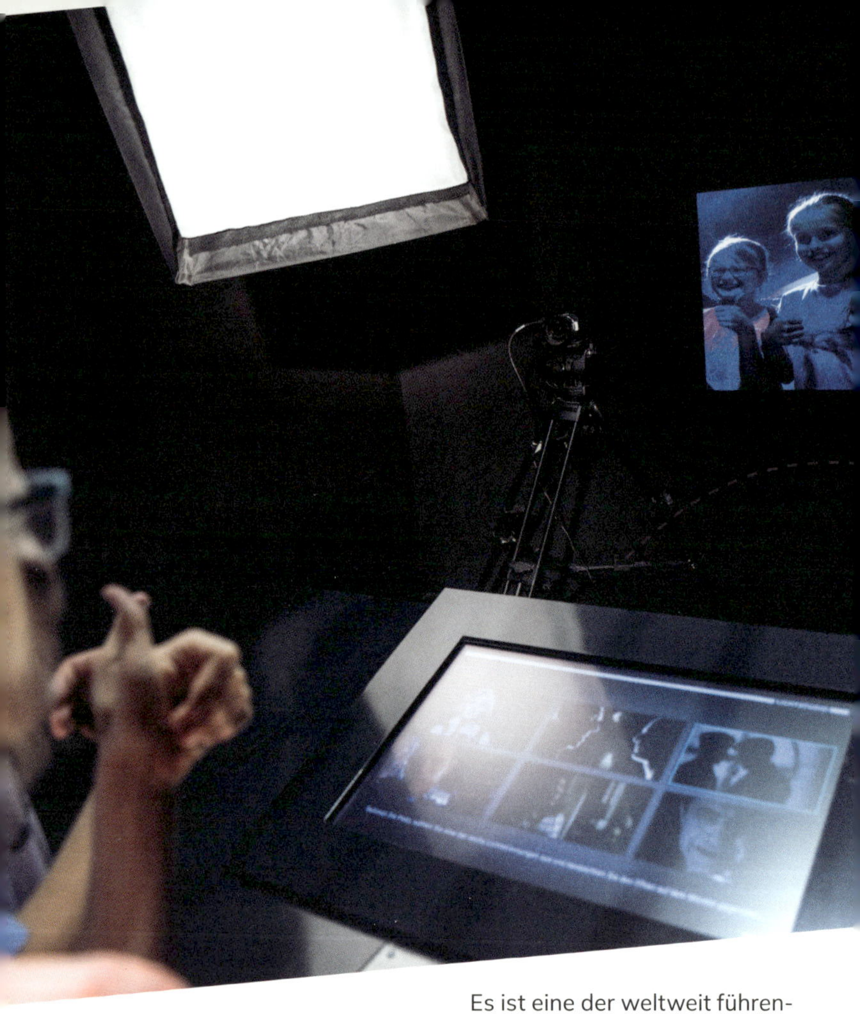

Das DFF – Deutsches Filminstitut & Filmmuseum zu beschreiben, ist gar nicht so einfach. Denn es vereint Museum, Kino, Archiv, diverse Sammlungen, digitale Plattformen, Festivals, Digitalisierungsangebote und noch vieles mehr. Es ist eine der weltweit führenden Institutionen, die das Filmerbe in all seinen verschiedenen Darstellungsformen erhält.

Zum Glück legen wir in diesem Buch den Fokus aufs Museum. Das erleichtert es – zumindest ein wenig. Auf rund 800 Quadratmetern und zwei

Film ab!

DFF Deutsches Filminstitut und Filmmuseum
—> Schaumainkai 41, 60596 Frankfurt

12

Stockwerken präsentiert die Dauerausstellung spannende Exponate der Filmgeschichte und vermittelt dem Publikum, was Film sein kann. Gleichzeitig werden die Besuchenden angehalten, sich auch kritisch mit dem Medium Film auseinanderzusetzen. Dabei schlägt das DFF bravourös den Bogen zwischen analoger Vergangenheit und digitaler Gegenwart.

Neben historischen Exponaten – dazu zählt etwa das eindrucksvolle Alien-Kostüm von HR Geiger aus dem gleichnamigen Film – gibt es auch interaktive Stationen, an denen die Besucher aktiv werden können. Ein für Familien entwickelter Multimediaguide ist kostenlos ausleihbar und führt durch die Dauerausstellung. Am Wochenende bietet das »Offene Filmstudio« die Möglichkeit, ein Daumenkino zu kreieren oder sich in einer Bluebox fotografieren zu lassen. Im hauseigenen Kino mit wechselndem Programm lässt sich Filmkultur aus allen Jahrzehnten und in allen Formaten erleben, freitags und sonntags nachmittags laufen spezielle Kinderfilme. Aufwendige Sonderausstellungen mehrmals im Jahr zu den unterschiedlichsten Themen ergänzen das ohnehin breite Angebot des DFF und locken immer wieder Filmschaffende aus der ganzen Welt zu den Vernissagen an den Main.

www.dff.film

Inmitten des wuseligen Zentrums Frankfurts an der belebten Hauptwache liegt das Dialogmuseum – ein Ort, der den Besuchern die Augen öffnet für eine Welt ohne Licht. Hier werden nicht nur Augen, sondern auch Ohren, Haut und Geschmackssinn auf eine Entdeckungsreise geschickt.

Die Exposition »Dialog im Dunkeln – eine Ausstellung zur Entdeckung des Unsichtbaren«

Klare Erkenntnisse im Dunkeln

13

Dialogmuseum
—> An der Hauptwache B-Ebene, Passage 10, 60313 Frankfurt

ist das Herzstück des Museums und führt kleine Gruppen durch einen lichtlosen Parcours mit wechselnden Themenräumen. Geleitet werden sie dabei von sehbehinderten oder blinden Experten, die ihre Welt ohne visuelle Eindrücke verstehen und vermitteln können. Der »Dialog im Dunkeln« entführt die Besucher in verschiedene Alltagssituationen – alles im Dunkeln. Diese Dunkelheit schärft nicht nur unsere Sinne, sondern ermöglicht auch einen erstaunlichen Austausch von Empathie und Verständnis. Zusätzlich liefert der »KlangRaum« eine faszinierende Erfahrung: In absoluter Dunkelheit taucht man in eine Surround-Installation ein, geschaffen vom Frankfurter MOMEM. Klänge und Dunkelheit verschmelzen hier zu einer unvergesslichen Sinneserfahrung. Das Besondere dabei: Der »KlangRaum« kann unabhängig von der geführten »Dialog im Dunkel«-Tour besucht werden.

Durch seine Führungen von blinden und sehbehinderten Menschen trägt das Dialogmuseum dazu bei, Integration zu fördern. Es schafft einen Raum des Dialogs zwischen Sehenden und Sehbehinderten und beweist, dass im Dunkeln oft die klarsten Erkenntnisse gewonnen werden.

www.dialogmuseum.de

Goethe, Ebbelwei, die Skyline, der Römer – die Mainmetropole wird mit vielem assoziiert. Doch Frankfurt ist auch Eintracht. Seit 125 Jahren elektrisiert der Verein die Stadt.

Direkt in der Haupttribüne des Fußballstadions gelegen, erweckt das Eintracht Museum auf über 400 Quadratmetern diese Geschichte zum Leben. Die Ausstellung enthüllt die bemerkenswerte Entwicklung der Eintracht unter sportlichen, gesellschaftlichen, politischen und kulturellen Gesichtspunkten. Hier ist Fansein nicht nur erlaubt, sondern ausdrücklich erwünscht. Über 300 Exponate aus der Vereinsgeschichte, darunter u. a. die Gründungsurkunde von 1899, frühe Stadionprogramme, Fußballschuhe und Trikots aus der Anfangszeit und beeindruckende Trophäen ziehen Besucher in ihren Bann und verdeutlichen, wie die Eintracht von den Anfängen Ende des 19. Jahrhunderts bis zur Gegenwart gewachsen ist. Höhen und Tiefen, große Triumphe und kuriose Anekdoten werden hier lebendig. Dabei taucht die Ausstellung tief in die Welt des Fußballs ein, beleuchtet aber auch andere Abteilungen der Eintracht sowie bedeutende Sportereignisse in der Stadt.

Das Eintracht Museum ist jedoch mehr als eine reine Schatzkammer sportlicher Erfolge. Es erfüllt auch einen museumspädagogischen Auftrag. Projekte zu Themen wie »Fußball und

14

Auf den Spuren der Eintracht

Eintracht Frankfurt Museum
—> Deutsche Bank Park/Haupttribüne
Mörfelder Landstraße 362,
60528 Frankfurt

Religion«, »Fußball und Gewalt« oder »Sport im Nationalsozialismus« bieten eine vertiefende Perspektive. Zusätzlich zur Ausstellung werden verschiedene Veranstaltungen angeboten, von Filmvorführungen bis zu Abendveranstaltungen mit Spielern, Trainern und Fans.

https://museum.eintracht.de

15

Visionäre Wohnkonzepte

Ernst-May-Haus
—> Im Burgfeld 136,
60439 Frankfurt

Von der Mainmetropole in die Welt – eines der einflussreichsten Gestaltungskonzepte des 20. Jahrhunderts stammt aus Frankfurt: Das Neue Frankfurt. In den 1920er Jahren schuf Ernst May – Architekt, Stadtplaner und Siedlungsdezernent – zahlreiche Siedlungen im funktionalen Stil des Bauhaus in Frankfurt, die erschwingliches wie lebenswertes Wohnen gewährleisten sollten. Das Neue Frankfurt, bestehend aus Siedlungen wie beispielsweise der Römerstadt, wurde international bekannt und gilt neben dem Bauhaus in Dessau und der Weißenhofsiedlung in Stuttgart als eines der bedeutendsten Beispiele für die frühe Moderne in Deutschland.

Seit seiner Restaurierung ist das Ernst-May-Haus in der Siedlung Römerstadt, betrieben von der Ernst-May-Gesellschaft e.V., öffentlich zugänglich und ermöglicht Einblicke in diese visionäre Architektur der 1920er Jahre. Das Reihenhaus im Stadtteil Heddernheim lässt Besucher in die Welt der funktionalen Ästhetik eintauchen. Dabei verdeutlicht es, wie Ernst May fortschrittliche und raffinierte Wohnkonzepte für die Zukunft schuf. Von der revolutionären Frankfurter Küche, der weltweit ersten Einbauküche (von der Wiener Architektin Margarete Schütte-Lihotzky entworfen), bis hin zu den minimalistischen Möbelstücken – jedes Detail erzählt eine Geschichte von Modernität und Zweckmäßigkeit.

Um den Besuchern weitere Aspekte rund um das Neue Bauen und Ernst May vermitteln zu können, werden Wechselausstellungen gezeigt. An einer Medienstation können u.a. Filme zum Ernst-May-Haus abgerufen werden.

www.ernst-may-gesellschaft.de/mayhaus

Wieso, weshalb, warum?

16

Experiminta ScienceCenter
—> Hamburger Allee 22–24, 60486 Frankfurt

Dieses private Mitmach-Museum ist bei Familien der absolute Renner. Denn anders als in anderen Ausstellungshäusern ist hier Ausprobieren und Anfassen nicht nur erwünscht, sondern sogar ausdrücklich gefordert. Schließlich kommen auf diese Weise bereits die jüngsten Besucher naturwissenschaftlichen Phänomenen ganz spielerisch auf die Spur – »informelles Lernen« heißt hier das Zauberwort, das die Freude an Problemlösungen nicht nur weckt, sondern auch fördert. Und zwar nicht nur bei den Kleinen, auch die Großen, die oft während ihrer Schulzeit vergeblich den Zugang zu den sogenannten MINT-Fächern (also Mathematik, Physik, Chemie oder Biologie) gesucht haben, finden ihn vielleicht hier dann doch noch; Wunder geschehen …

Über 130 Stationen aus Physik, Mathematik, Technik und Informatik laden zum Experimentieren und Erforschen ein – buchstäblich: Learning by Doing. Denn durch das eigene Ausprobieren werden naturwissenschaftliche Zusammenhänge oftmals ganz spontan verständlich und die oft als ach, so trocken oder kompliziert verschrienen Naturwissenschaften werden hier am eigenen Leib erfahrbar und entsprechend lebendig. Etwa, wenn man sich traut, sich auf das Fakirbett mit den vielen hundert Nägeln zu legen, ohne dass man Blessuren davonträgt, oder inmitten einer Riesen-Seifenblase steht oder einen Sturm im Wasserglas verursacht oder, oder, oder … Toll sind auch die monatlichen

Science Shows. Eine wunderbare außerschulische Bildungsstätte, die Naturphänomene erlebbar macht.

www.experiminta.de

Eine Insel mit zwei Bergen und dem tiefen, weiten Meer, mit viel Tunnels und Geleisen und dem Eisenbahnverkehr. Nun, wie mag die Insel heißen, ringsherum ist schöner

Mit Volldampf!

Frankfurter Feldbahnmuseum
—> Am Römerhof 15f, 60486 Frankfurt

17

Strand, jeder sollte einmal reisen in das schöne Lummerland.« Zugegeben, wir steuern keine Insel an und sind auch nicht in Begleitung von Jim Knopf, Lukas dem Lokomotivführer und seiner Lokomotive Emma, doch im idyllisch gelegenen Frankfurter Feldbahnmuseum können Besucher ebenfalls auf dampfende Abenteuerreise gehen.

Hier erfährt man von der faszinierenden Welt der Feldbahnen, Schmalspurbahnen mit einer Spurweite von meist 600 mm, die für den Gütertransport genutzt wurden. Die Dauerausstellung beleuchtet die verschiedenen Einsatzgebiete dieser Bahnen durch eine beeindruckende Sammlung von Exponaten, Dokumenten und Fotos. In drei geräumigen Hallen sind die großen Ausstellungsstücke zu bewundern: Dampflokomotiven, erbaut zwischen 1900 und 1958, teilen sich den Raum mit Fahrzeugen, die mit Diesel, Strom oder anderen Antriebsarten betrieben wurden. Ein absolutes Highlight ist die kleinste Gelenklokomotive der Welt, 1909 in Berlin für Zuckerrohrbahnen auf Java gefertigt. Zusätzlich zu den Lokomotiven gehören zur Sammlung auch rund 250 Waggons aller Art.

Das Museum erstreckt sich über einen Museumsbetriebsbahnhof und eine 1,5 Kilometer lange Strecke im Rebstockpark. An den Betriebstagen ist in der Regel mindestens eine Dampflokomotive im Einsatz, die historische Züge über ratternde Gleise durch das Gelände zieht. Besucher dürfen in den geschichtsträchtigen Zügen selbstverständlich mitfahren.

www.feldbahn-ffm.de

Seit seiner Gründung 1984 hat sich das Fotografie Forum Frankfurt (FFF) sowohl auf zeitgenössische als auch auf historische Fotografie von internationalem Rang spezialisiert und ist dafür über die Grenzen der Stadt hinaus bekannt. Das FFF ist Ausstellungsort, Institution und Forum für die kritische Auseinandersetzung mit Fotografie. Präsentationen der unterschiedlichsten Aspekte des Mediums Fotografie gibt es hier zu entdecken:

In der Vorreiterrolle

18

Fotografie Forum Frankfurt
—> Braubachstraße 30–32,
60311 Frankfurt

fotojournalistische Arbeiten ebenso wie Beispiele aus der Kunst, Mode, Wissenschaft und Werbung. Das Programm umfasst neue Entdeckungen, widmet sich aber auch den Klassikern. Bis heute wurden im FFF mehr als 265 Ausstellungen präsentiert – u. a. so bekannte Namen wie Helmut Newton, Barbara Klemm, Andy Warhol, Gisèle Freund, Sebastião Salgado und Carlos Pérez Siquier. Das Fotografie Forum hatte dabei stets eine Vorreiterrolle inne und präsentierte die meisten dieser Künstler zum ersten Mal in Deutschland.

Neben drei bis fünf Wechselausstellungen pro Jahr bietet die FFF Akademie den Besuchern die Möglichkeit, an Vorträgen und Workshops mit anerkannten Fotografen und Theoretikern teilzunehmen. Ziel des Fotografie Forum Frankfurt ist, alle Aspekte der Fotografie einem breiten Publikum zugänglich zu machen und den konstruktiven Dialog zu fördern. So sind die Sonderausstellungen im Rahmen des Kunst- und Kulturprogramms der Frankfurter Buchmesse, bei denen das FFF Arbeiten von Künstlern aus dem jeweiligen Gastland vorstellt, ein Beispiel dafür, wie es die internationale Vielfalt der Fotokunst und Fotobuchszene dem Frankfurter Publikum präsentiert.

www.fffrankfurt.org

19 Junge Kunst in alten Mauern

Frankfurter Kunstverein
—> Markt 44, 60311 Frankfurt

Gleich ein paar Funfacts zu Beginn: Das Steinerne Haus, der Sitz des Frankfurter Kunstvereins (FKV), ist tatsächlich das älteste Gebäude in der neuen Altstadt! Auch wenn dieses augenscheinlich am jüngsten aussieht – zumindest sein Anbau, der in den 1950er Jahren entstanden ist. In der Lersnerschen Chronik ist die fast 500 Jahre alte Geschichte des Steinernen Hauses umfänglich dokumentiert. Übrigens hatte der französische Mal- und Zeichenlehrer Roland im 18. Jahrhundert hier eine Zeichenschule, zu deren Schülern auch Goethes Schwester Cornelia zählte. Und zum Abschluss dieses kleinen historischen Abrisses: Der FKV wurde 1829 gegründet und ist einer der ältesten und größten Kunstvereine in Deutschland. Heute gilt er als zentrale Plattform für Ausstellungen von Gegenwartskunst und ortsspezifischen Projekten.

Unter der Leitung von Franziska Nori fokussiert sich das Programm seit Ende 2014 auf die vielfältigen Verbindungsstellen von Kunst und Wissenschaft zur gegenwärtigen Gesellschaft. Dabei wird die Kunst als Vermittlerin zwischen den verschiedensten Bereichen verstanden. Kooperationen mit Institutionen der Stadt, der Region und internationalen Organisationen bündeln Kompetenzen und ermöglichen Projekte, die über Disziplinen hinweg gehen. Und so werden in den Ausstellungen gleichermaßen auch Fragestellungen aus den Geistes- und Naturwissenschaften thematisiert.

www.fkv.de

WE OWN
LAND
TOGETHER
FRANKFURTER KUNSTVEREIN

20

In unserer Gesellschaft ist das Sprechen über Geld in vielen Bereichen noch immer ein Tabu. Von klein auf bekommen wir eingetrichtert, dass es geradezu unschicklich ist, sich offen über Finanzen auszutauschen: Über Geld spricht man nicht!

Dabei ist die Welt des Geldes so spannend. Und kein Wunder, dass ausgerechnet in der Finanzmetropole Frankfurt dann auch ein Geldmuseum zu finden ist, das nicht nur mit eindrucksvollen Exponaten wie einem echten Goldbarren oder »Blüten« die Welt des Geldes erlebbar macht, sondern auch mithilfe von interaktiven Rauminszenierungen, Medienstationen und Spielen sowie einem 360-Grad-Kino. Dabei wird das Thema Geld aus historischer wie aktueller Perspektive beleuchtet und man erhält etwa Antworten auf Fragen wie: Was macht eigentlich die Zentralbank? Wie funktioniert Geldpolitik? Was ist bitteschön Buchgeld und welche Rolle spielt das Geld in unserer globalisierten Zeit? Regelmäßig gibt es Führungen für verschiedene Zielgruppen, Vorträge und Workshops zu Themen wie Geldpolitik oder Finanzmärkte und immer wieder beleuchten Sonderausstellungen weitere wichtige Aspekte der Finanzwelt.

Eindrucksvoll ist auch die Münzsammlung der Deutschen Bundesbank, die über 90.000 Münzen und 260.000 Banknoten aus aller Welt umfasst und zu den international bedeutendsten ihrer Art zählt. Besonders herausragende Stücke werden natürlich ebenfalls im Geldmuseum präsentiert.

www.bundesbank.de/de/bundesbank/geldmuseum

Über Geld spricht man wohl!

Geldmuseum der Deutschen Bundesbank

—> Wilhelm-Epstein-Straße 15, 60431 Frankfurt

Bis zum Jahr 1795 war das Haus am Großen Hirschgraben der Wohnsitz der Familie Goethe. Hier wurde »Mittags mit dem Glockenschlag zwölf« am 28. August 1749 Johann Wolfgang Goethe geboren und lebte dort gemeinsam mit seiner Schwester Cornelia und den Eltern Catharina Elisabeth, liebevoll Frau Aja genannt, und Johann Caspar – mit Ausnahme seiner Studienjahre in Leipzig und Straßburg –,

Die vier Wände des Dichterfürsten

21

Goethe-Haus
—> Großer Hirschgraben 21,
60311 Frankfurt

bis er 1775 nach Weimar ging. An diesem Ort schuf der Dichterfürst seine bemerkenswerten Frühwerke, welche ihn rasch weltberühmt machten; u.a. den »Götz von Berlichingen«, die Urfassung des »Faust« und die »Leiden des jungen Werther«.

1795 verkaufte die Mutter das Haus, da es für sie nach dem Tod ihres Mannes schwer zu bewirtschaften war. 1859 erwarb es der wissenschaftliche Bürgerverein Freies Deutsches Hochstift. Dieser richtete es nach dem Vorbild historischer Quellen und Lebenserinnerungen Goethes als eine der ersten Dichter-Gedenkstätten wieder her und machte das Haus für die Öffentlichkeit zugänglich.

Das Gebäude wurde durch die Luftangriffe auf Frankfurt am 22. März 1944 zerstört. Doch begann schon 1947 die originalgetreue Rekonstruktion, über die es im Vorfeld lebhafte Debatten gab. 1951 wurde das Goethe-Haus wiedereröffnet, die während des Krieges ausgelagerten Bücher, Gemälde, Handschriften und Gebrauchsgegenstände zurückgebracht.

Heute zählt das Frankfurter Goethe-Haus zu den berühmtesten und beliebtesten Dichter-Gedenkstätten Deutschlands, es atmet bis dato den Geist der Goethezeit und hält den liberalen und weltoffenen Geist des berühmtesten Sohnes der Stadt lebendig.

www.frankfurter-goethe-haus.de

Etwas abseits des Trubels verbirgt sich seit 2020 die Ausstellung »Hallo Freiheit! Zusammen über Barrieren«. Im ehemaligen Museum der Stiftung für Gehörlose und Schwerhörige ist in Zusammenarbeit

Einladung zum Perspektivwechsel

»Hallo Freiheit! Zusammen über Barrieren«

—> Rothschildallee 16a, 60389 Frankfurt

22

mit der Frankfurt University of Applied Sciences, der Frankfurter Stiftung für Gehörlose und Schwerhörige und der Fachstelle für Barrierefreiheit des Sozialverbands VdK Hessen-Thüringen auf 200 Quadratmetern eine Modellwohnung entstanden, die nicht nur barrierefrei, sondern auch barriere-erlebbar ist – hier taucht man ab in die Welt gehörloser und schwerhöriger Menschen, lernt deren Kultur kennen und verstehen, zum Beispiel wie technische Hilfsmittel wie Hörgeräte oder Cochlea-Implantate den Alltag erleichtern. Die Ausstellung geht jedoch über das Präsentieren technischer Lösungen hinaus. »Jeder kann hier durch Simulationsmaterialien selbst nachempfinden, wie es ist, auf Barrieren zu stoßen. Dann merken viele erst, wie anstrengend es auch für unser Gehirn ist, sich an dieses ganz andere Hören zu gewöhnen«, berichtet Ulrike Schneider, Projektleiterin der Stiftung für Gehörlose und Schwerhörige.

Fachkundige Mitarbeiter führen durch die Räumlichkeiten, für deren Besuch man sich anmelden muss, und ermöglichen zusätzliche Einblicke.

Die Erlebnisausstellung ist eine Einladung zum Dialog, zur Auseinandersetzung mit Vorurteilen und zum Verständnis für die Lebensrealität gehörloser und schwerhöriger Menschen. Ulrike Schneider: »Jeder, der aus der Ausstellung herauskommt, wird die Welt mit anderen Ohren hören.«

www.glsh-stiftung.de/hallofreiheit

23 Geschichte(n) erleben

Historisches Museum
—> Saalhof 1, 60311 Frankfurt

Das Historische Museum Frankfurt (HMF) ist nicht nur das älteste Museum der Stadt, sondern auch eines der größten Stadtmuseen Europas. Es liegt mitten im Herzen der Altstadt und besteht aus dem 800 Jahre alten Saalhof sowie den 2017 eröffneten Neubauten, die unter dem Museumsplatz miteinander über das sogenannte Schneekugelfoyer verbunden sind, das zweifelsohne als die berühmte Kirsche auf der Sahnehaube dieses preisgekrönten Hauses gelten kann. Hier können die Besucher nämlich per Knopfdruck selbst entscheiden, welches Bild von Frankfurt sie sich machen möchten. Sodann wird die jeweilige Stadtansicht auf spektakuläre Weise von einem Industrieroboter aus dem Kellerraum emporgehoben und in der Plexiglaskuppel präsentiert. Darüber hinaus werden im HMF auf 6.000 Quadratmetern Themen aus der Vergangenheit, Gegenwart und Zukunft Frankfurts gezeigt – dafür werden in 15 Sammlungsbereichen Objekte rund um Frankfurt und seine Geschichte gesammelt. Zu den besonderen Schätzen gehören etwa die Krönungsinsignien, der Schöner-Globus von 1515 und der Annen-Altar.

Damit das Haus nicht nur ein Museum über die Geschichte der Stadt ist, sondern insbesondere auch ein Museum für eine urban geprägte Gesellschaft, hat man bei seiner Konzeption großen Wert auf interaktive und multisensorische Vermittlungsangebote gelegt. Wechselnde Sonderausstellungen und das partizipative Stadtlabor widmen sich aktuellen Fragen.

Zum HMF gehören auch das Junge Museum (S. 58) und das

Religiöse Andachtsbilder

Ikonenmuseum
—> Brückenstraße 3–7 , 60594 Frankfurt

Kunst-Ikone, Stil-Ikone, Musik-Ikone, Schauspiel-Ikone, Sport-Ikone ... Diese Reihe ließe sich vermutlich noch um einiges verlängern. Ja, wir kennen das – geradezu inflationär wird dieser Begriff verwendet und jemand zur Ikone erhoben. Doch mit dem eigentlichen Wortverständnis hat dies relativ wenig zu tun, denn ursprünglich wird als Ikone ein religiöses Andachtsbild bezeichnet. Ikonen sind kunstvolle Heiligenbilder, auf denen Jesus Christus, die Gottesmutter Maria oder Szenen mit Heiligen dargestellt sind. Nach ostkirchlicher Auffassung ist Gott in der Ikone unmittelbar gegenwärtig und somit wird ihr eine besondere Aura zugesprochen.

Weshalb also nicht mal echte Ikonen entdecken. In der Mainmetropole gibt es hierfür die passende Gelegenheit. Keine Selbstverständlichkeit übrigens, denn das Ikonenmuseum Frankfurt gehört neben dem Ikonenmuseum Recklinghausen zu den einzigen Museen deutschlandweit, die sakrale Kunstwerke ostkirchlicher Kunst zeigen. Wie sehenswert diese Kultus- und Heiligenbilder der Ostkirchen sind, können Besucher im ehemaligen Refektorium des Deutschen Ordens erleben. Im dortigen Ikonenmuseum taucht man in die Welt der Holz- und Metallikonen sowie liturgischer Schätze ein. Von Russland über Griechenland bis Ägypten, die umfangreiche Sammlung offenbart die Vielfalt orthodoxer Bilderwelten. Das Äthiopienkabinett präsentiert zudem kostbare Handschriften, filigrane Kreuze und groß- sowie kleinformatige Ikonen – eine einzigartige Sammlung des äthiopisch-orthodoxen Christentums in Deutschland.

www.museumsufer.de/de/museen/ikonenmuseum-frankfurt/

25 Einblicke und Ausblicke

Jüdisches Museum Frankfurt
→ Bertha-Pappenheim-Platz 1,
60311 Frankfurt

Das Jüdische Museum in Frankfurt ist das erste jüdische Museum der Bundesrepublik Deutschland. Seit 1988 werden hier jüdische Kulturgüter gesammelt, die zudem einen besonderen Bezug zur Frankfurter Geschichte haben.

Das Museum befindet sich an zwei Standorten und umfasst das »Museum Judengasse« am Börneplatz (Battonstraße 47, 60311 Frankfurt), wo der Fokus auf dem jüdischen Alltagsleben in der frühen Neuzeit liegt, sowie das Haus am Bertha-Pappenheim-Platz 1, wo die Besucher Einblicke in die jüdische Geschichte Frankfurts seit 1800 erhalten. Im Zusammenspiel wird klar, welch wichtiges Zentrum jüdischen Lebens Frankfurt vom Mittelalter bis zur Shoah war und wieder ist. Denn es wird auch das Wiederentstehen jüdischen Lebens nach 1945 thematisiert und aktuelle Fragestellungen aufgegriffen – in der Dauerausstellung ebenso wie in Sonderausstellungen, Workshops, Vorträgen und Seminaren. Denn trotz (oder gerade wegen?!) der jahrhundertealten Erfahrungen von Diskriminierung, Gewalt und Ausgrenzung versteht sich das Jüdische Museum als »Museum ohne Mauern« und will mit seinen vielfältigen Formaten zur Selbstreflexion und Teilhabe anregen sowie die interkulturelle Verständigung stärken – auch durch seine äußerst spannenden, teils dynamischen Vermittlungsangebote.

Eine weitere Besonderheit bildet das »Familie Frank Zentrum«, in dem persönliche Objekte und Dokumente der Familie Anne Franks präsentiert werden und den Besuchern einmalige Einblicke in ihren Alltag geboten werden.

www.juedischesmuseum.de

Das entscheidende Wort im Jungen Museum in Frankfurt heißt: machen. Anstatt passiv vor Vitrinen zu stehen und lediglich Dinge anzuschauen, geht es in dem Museum darum, alles anzufassen und auszuprobieren. Denn indem man Dinge mit den Händen tut, begreift man sie besser.

Geschichte zum Anfassen

Junges Museum Frankfurt
→ Saalhof 1, 60311 Frankfurt

26

So wird Geschichte lebendig und spannend.

Im ältesten Kindermuseum Europas stehen also nicht nur die Ausstellungsstücke im Fokus, sondern das praktische Erleben. In den historischen Spielräumen wie etwa dem Kolonialwarenladen oder der Urgroßelternküche tauchen junge Entdecker ein in exotische Warenwelten und erkunden antike Küchengeräte. Die jüngste Ergänzung, eine originalgetreue Drogerie aus dem 19. Jahrhundert, birgt Geheimnisse von Heilkräutern in porzellanenen Apothekergefäßen.

Die Werkstätten gewähren Einblicke in historische Prozesse und vermitteln handwerkliche wie künstlerische Techniken; sie sind ein wichtiger Bestandteil des Museumsprogramms, so gibt es u. a. eine sehr gut ausgestattete Druckwerkstatt mit verschiedenen Druckmaschinen und Pressen, Kinder können Elektrotechnik ausprobieren, Radiobeiträge aufnehmen oder im Bereich für Stoffarbeiten aktiv werden. Die speziell für den Nachwuchs konzipierten Ausstellungen widmen sich kultur- und stadtgeschichtlichen Themen sowie Themen aus der politisch-historischen Bildung, ohne den Blick auf die Gegenwart zu verlieren. Zum vielseitigen Vermittlungsangebot gehören Projektwochenangebote, Familiensonntage, offene Werkstätten, Ferienworkshops und Kindergeburtstage im Museum.

www.junges-museum-frankfurt.de

27 Fotografische Positionen

Kunststiftung DZ Bank

—> Platz der Republik,
60325 Frankfurt – Eingang Cityhaus 1,
Friedrich-Ebert-Anlage

Von außen sind die Räumlichkeiten auf den ersten Blick nicht gleich zu entdecken, doch hinter der gläsernen Fassade des modernen Gebäudes wartet Erstaunliches. In der Ausstellungshalle der Kunststiftung DZ Bank erleben Besucher eine faszinierende Reise durch die Welt der Fotografie.

Mit einem Fokus auf fotografischen Ausdrucksformen von 1945 bis zur Gegenwart präsentiert die Sammlung einen facettenreichen Einblick in dieses künstlerische Medium, welches sich ständig neu erfindet. Und die Sammlung ist stattlich – sie umfasst mittlerweile über 10.000 Werke von 1.100 Künstlerinnen und Künstlern, die auch als Maler, Bildhauer, Land-Art-Künstler oder Konzeptkünstler arbeiten und die Fotografie als experimentelles Material verstehen. Die Ausstellungen, bestehend aus drei jährlich wechselnden Präsentationen, bieten nicht nur visuellen Genuss, sondern auch eine intellektuelle Auseinandersetzung mit verschiedenen fotografischen Stilen und Konzepten.

Die hellen und großzügigen Ausstellungsräume sind sorgfältig kuratierte Bereiche, in denen Fotografie als Kunstform in ihrer ganzen Bandbreite gezeigt wird. Von ikonischen Schwarz-Weiß-Bildern bis zu zeitgenössischen Farbkompositionen – hier verschmelzen verschiedene fotografische Strömungen zu vielschichtigen Ausstellungen. Mit ihrem Vermittlungsprogramm lädt die Kunststiftung zum Austausch und zu Denkanstößen ein, u. a. bestehend aus Führungen, Workshops, Fortbildungen sowie Kooperationen mit Schu-

len und Hochschulen. Der Besuch der Ausstellungshalle ist kostenfrei.

https://kunststiftungdzbank.de

Der Garten des Liebieghauses zählt zweifelsohne zu den schönsten in Frankfurt. Und wenn wir schon bei »... den schönsten in Frankfurt« sind, soll hier gleich auch der Verweis auf das wunderbare »Café im Liebieghaus« kommen. Eine charmante Lieblings-Institution. Eine wahrhaftige Oase, wo man mit selbst geba-

Bildhauerkunst und grünes Idyll

Liebieghaus Skulpturensammlung

—> Schaumainkai 71, 60496 Frankfurt

28

ckenem Kuchen und herzhaften Köstlichkeiten wieder zu Kräften kommt. Sei es nach einem anstrengenden Tag in der Stadt oder nach dem Besuch in der Ausstellung eines der international bedeutendsten Skulpturenmuseen – denn dazu zählt das Haus, das auf ca. 1.600 Quadratmetern Ausstellungsfläche rund 3.000 Skulpturen aus der Zeit vom Alten Ägypten bis zum Klassizismus beheimatet. Damit bietet die ehemalige Gründerzeitvilla des Barons von Liebieg einmalige Einblicke in 5.000 Jahre Bildhauerkunst und einen Überblick in die Geschichte der Skulptur.

Wow! Die Besucher können bis in die kleinsten Winkel unter dem Turmdach auf Entdeckungstour gehen, so auch in die Studierzimmerchen im Dachgeschoss, die sogenannten »Studioli«, wo kleinere und größere skulpturale Schätze in Szene gesetzt werden.

Übrigens kann man im Liebieghaus auch selbst kreativ werden, denn das Haus bietet regelmäßig Workshops und Atelierkurse für Kinder und Erwachsene an. Das umfangreiche Vermittlungsprogramm bietet vielfältige Möglichkeiten, sich über das Thema Skulptur zu informieren – sei es etwa durch die Kuratoren des Hauses oder renommierte internationale Experten, die regelmäßig für Vorträge zu Gast sind.

www.liebieghaus.de

29 Form follows Function

Museum Angewandte Kunst (MAK)
—> Schaumainkai 17, 60594 Frankfurt

Die wechselnden Ausstellungen im Museum Angewandte Kunst, kurz: MAK, erzählen von kulturellen Werten und sich wandelnden Lebensverhältnissen. Stets verweisen sie auf die Frage, was angewandte Kunst heute ist und sein kann, und zeigen das ihr eigene Spannungsfeld zwischen Funktion und ästhetischem Mehrwert auf.

Mit neuen Präsentationsformaten geht das MAK ganz bewusst auf Distanz zu den traditionellen, aus dem 19. Jahrhundert stammenden Sammlungs- und Ordnungskriterien. Statt sich mit den Exponaten allein aus ihrer Historie heraus auseinanderzusetzen, ist ein Aus- und Verhandeln von zeit- und unzeitgemäßen Betrachtungen in den Fokus getreten. Daraus erwachsen Fragestellungen, denen in thematischen Ausstellungen mit immer wieder neuen Objektkonstellationen begegnet wird.

Die umfangreichen Sammlungen des MAK enthalten europäisches Kunsthandwerk von der Romanik bis zum Design der Gegenwart, Kunst und Kunsthandwerk Ostasiens sowie eine islamische Sammlung mit persischer Keramik, Metall- und Glasgefäßen, indischen Elfenbein- und Jadearbeiten sowie Waffen aus Persien (Iran), dem Osmanischen Reich (Türkei) und Mogul-Indien. Darüber hinaus gibt es die Abteilung Buchkunst. Die Ausstellung »Elementarteile« zeigt dauerhaft ausgewählte Stücke aus allen Sammlungsgebieten des Museums, darun-

ter die legendäre Frankfurter Küche. Ein Must-see ist der »Stilraum Dieter Rams«.

Übrigens: Wer sich für Leben und Werk des langjährigen Chef-Designers von Braun interessiert, sollte dringend auch die BraunSammlung im WesterbachCenter in Kronberg besuchen (www.braun.com)!

www.museumangewandtekunst.de

30

Wann und wie genau die Frage »Ist das Kunst oder kann das weg?« aufgeworfen wurde, ist nicht bekannt. Meist wird sie jedoch in Zusammenhang mit der unbeabsichtigten Zerstörung zweier Installationen von Joseph Beuys durch Putzleute genannt ... Das kann an den mittlerweile drei Standorten des Frankfurter Museum für Moderne Kunst (MMK) glücklicherweise nicht passieren. Wenngleich sicherlich mancher noch nicht so geübte Betrachter über das ein oder andere Werk ins Staunen kommt. Ins Staunen versetzt einen auch die Information, dass das 1991 eröffnete Haus weltweit zu den bedeutendsten Museen seiner Art gehört. Die Sammlung umfasst über 5.000 Werke der Gegenwartskunst. Dabei steht die Fotografie gleichbedeutend neben Skulptur, Malerei, Zeichnung und Videoinstallation und stellt einen Querschnitt aller Gattungen dar.

Neben dem Mutterhaus, wegen seiner Dreiecksform auch »Tortenstück« genannt, gibt es mittlerweile zwei weitere MMK-Dependancen: Das MMK Zollamt, nur ein paar Schritte vom Haupthaus entfernt, zeigt regelmäßig künstlerische Neuproduktionen, die speziell für diesen Raum entwickelt werden. Der MMK Tower an der Taunusanlage erweitert die Ausstellungsfläche des MMK um 2.000 Quadratmeter und präsentiert neben Exponaten aus der Sammlung und Einzelausstellungen immer wieder auch Gruppenausstellungen mit gesellschaftlich relevanten Fragestellungen.

Übrigens: Der gesamte Sammlungsbestand des MMK wird kontinuierlich digitalisiert und in einem Onlinekatalog auch außerhalb des Museums zugänglich gemacht.

www.mmk.art

Ist das Kunst oder kann das weg?

Museum für Moderne Kunst —> Domstraße 10, 60311 Frankfurt

MMK Zollamt —> Domstraße 3, 60311 Frankfurt

MMK Tower, TaunusTurm —> Taunustor 1, 60310 Frankfurt

Ein Museum im klassischen Sinne ist das Museum of Electronic Music, kurz MOMEM, eigentlich nicht – oder will es nicht sein. Denn so richtig passen Technomusik, ein Musikgenre, das in den 1980er bis 1990er Jahren in Frankfurt entwickelt wurde und sich zu einem weltweiten Phänomen ausbreitete, und ein Museum auf den ersten Blick auch nicht zusammen. Vielmehr haben die Macher hier ein Kunst- und Kul-

Gude Laune, Mtzmtzmtz und viel, viel mehr

MOMEM – Museum of Electronic Music
—> An der Hauptwache 15 (Zwischenebene), 60313 Frankfurt

31

turzentrum konzipiert, das für die vielen Aspekte elektronischer Musik im Allgemeinen und Besonderen sensibilisiert. Das geschieht einerseits in Ausstellungen von den Anfängen über die Gegenwart bis in die Zukunft und in denen neben der Musik dann weitere Aspekte beleuchtet werden, also etwa die Mode, Instrumente, Apps, die Clubkultur etc., die sich aus den jeweiligen Musikbewegungen entwickelt haben und tief in die Gesellschaft hinein wirkten und bis heute wirken. Andererseits versteht sich das MOMEM auch als Club und so können Künstler hier ihre neuen Alben vorstellen. Darüber hinaus gibt es Filmabende, Lesungen und Diskussionen und immer wieder bieten DJs und Produzenten in der angeschlossenen Akademie Workshops und Seminare für den Nachwuchs und Interessierte an, in denen sie Einblicke in ihren Alltag gewähren. Zur musikalischen Früherziehung passt auch der »Schools Morning«, bei dem sich Kinder und Jugendliche an den vielen Play-Yourself-Stationen wie dem digitalen Composer versuchen können.

www.momem.org

In einer Zeit des rasanten technischen Wandels, in der Medien und Technik unsere Wahrnehmung von Raum und Zeit prägen und unsere sozialen Beziehungen gestalten, öffnet das Museum für Kommunikation seine Türen für neugierige Entdecker. Der mehrfach preisgekrönte offene und transparente Museumsbau am Schaumainkai lädt Besucher ein, sowohl die Geschichte der Kommunikation zu erkunden als auch einen Blick in die Zukunft zu werfen.

Die im ersten Untergeschoss kuratierte Dauerausstellung »Mediengeschichte|n neu erzählt!« bietet einen unterhaltsamen Überblick über die Entwicklung der Kommunikation. Von der antiken Keilschrift bis zur futuristischen Datenbrille führt sie durch bahnbrechende Erfindungen, kuriose Erlebnisse und ungewöhnliche Schicksale. Stücke wie ein Brief aus dem 16. Jahrhundert und Telegramme von der Titanic erlauben tiefe Einblicke.

Im ersten Obergeschoss lockt das Forum mit kleineren Wechselausstellungen und der Mitmachbereich der Kinderwerkstatt, während im zweiten Obergeschoss größere Wechselausstellungen für zusätzliche Einblicke sorgen. Auf dem Museumsdach können Besucher eine Funkstation besichtigen, die jeden 1. und 3. Sonntag im Monat geöffnet ist.

Übrigens: Der Ursprung des Museums liegt in Teilbeständen der Sammlung des Berliner Reichspostmuseums, die nach dem Zweiten Weltkrieg nach Hessen überführt wurden, wo sie den Grundstock für das 1958 eröffnete Bundespostmuseum bildeten. Damals noch in der benachbarten Gründerzeitvilla untergebracht, zählte das Bundespostmuseum zu den ersten Museen des Schaumainkais.

www.mfk-frankfurt.de

Von der Keilschrift bis zur Datenbrille

Museum für Kommunikation

→ Schaumainkai 53 (Museumsufer),
60596 Frankfurt

32

MUSEUM
GIERSCH

Fenster zur Stadt

33

Museum Giersch der Goethe-Universität

—> Schaumainkai 83, 60596 Frankfurt

Die Geschichte dieses außergewöhnlichen Museums beginnt im Jahr 2000, als Senator E.h. Prof. Carlo Giersch und seine Frau Senatorin E.h. Karin Giersch die Grundsteine für das »Haus Giersch – Museum Regionaler Kunst« legten. Ihr Ziel war es, ein öffentliches Forum zu schaffen, das sich überregionale Themen der Kunst- und Kulturgeschichte des Rhein-Main-Gebiets vornimmt. Was als Überblicksausstellungen und monografische Präsentationen zur Malerei begann, entwickelte sich schnell zu einem facettenreichen Schatzkästchen, das Skulpturen, Fotografien, Grafiken und Buchkunst umfasste. Ab 2005 führte das in einer reizvollen neoklassizistischen Villa mit Mainblick beheimatete Museum die kürzere Bezeichnung »Museum Giersch«.

Anlässlich des 100-jährigen Bestehens der Frankfurter Goethe-Universität im Jahr 2014 übergab die Stiftung Giersch das Museum in die Trägerschaft der Universität. Seit 2015 gehört es zur Goethe-Universität und trägt seither den Namen »Museum Giersch der Goethe-Universität«. Das Ausstellungshaus widmet sich weiterhin der Kunst und Kultur der Rhein-Main-Region, erweitert aber das Ausstellungsspektrum um Themen aus Forschung und Lehre der Universität. Zudem kooperiert das Museum mit den Instituten, Lehrenden und Studierenden sowie den Sammlungen der Goethe-Universität. Als »Schaufenster der Universität zur Stadt« fördert es die Kommunikation zwischen Kunst, Wissenschaft und Öffentlichkeit und bereichert mit seinen Bildungs- und Vermittlungsangeboten den gesamtgesellschaftlichen Diskurs.

www.mggu.de

Weißes Gold 34

Porzellan Museum Frankfurt

—> Bolongarostraße 152, 65929 Frankfurt

Wie selbstverständlich steht Porzellan auf unseren Esstischen. Welche kostbare Rarität das weiße Gold einst gewesen ist, gerät gelegentlich in Vergessenheit.

Porzellan wurde bereits um 620 in China erfunden und die Herstellung lange geheim gehalten. Erst 1708 gelang J. F. Böttger und E. W. von Tschirnhaus am Hofe August des Starken, das erste europäische Hartporzellan herzustellen. Aus der streng bewachten Albrechtsburg in Meißen floh der Maler Adam Friedrich von Löwenfinck und errichtete 1746 in Höchst die zweitälteste kurfürstlich-mainzische Porzellanmanufaktur Deutschlands. Zunächst entstanden Fayencen, seit 1750 Hartporzellane. Von 1765 bis 1779 war der bedeutende Bildhauer Johann Peter Melchior Modellmeister in Höchst. Wirtschaftliche und politische Schwierigkeiten führten 1796 zur Schließung der Manufaktur. Rund 350 Höchster Modelle wurden von 1840 bis 1880 in der Steingutmanufaktur Damm und von 1906 bis 1942 in der Porzellanmanufaktur Passau als »Althöchster Reproduktionen« ausgeformt. 1946 wurde die Höchster Porzellanmanufaktur neu gegründet. Inzwischen führt die Hochschule für Gestaltung Offenbach (HfG) den Betrieb.

Seit 1994 präsentiert das Historische Museum in seiner Außenstelle im Kronberger Haus, in dem sich das Porzellan Museum Frankfurt befindet, die Geschichte der Höchster Porzellanmanufaktur und die Vielfalt ihrer Erzeugnisse im kulturellen Kontext. Rund 1.800 Höchster Porzellane vermitteln die Freude gedeckter Speise- und Desserttafeln. Perspektivisch wird die Sammlung eine neue Heimat in

unmittelbarer Nachbarschaft beziehen: im Bolongaro Museum.

www.porzellan museum-frankfurt.de

35

AP CHARLIES
Dollar Up
AD HOC
DREAM FISHING
AVAILABLE FOR LEASE
718.285.3777
WHITE DREAM
COAT OF ARMS

Traditionell modern

Schirn Kunsthalle

—> Römerberg, 60311 Frankfurt

Umgangssprachlich heißt sie einfach »die Schirn« und ist eines der angesehensten Ausstellungshäuser Europas. Sie verfügt selbst über keine eigene Sammlung, sondern organisiert und zeigt befristete Projekte und Ausstellungen zu einzelnen Künstlern oder einzelnen kunst- oder kulturhistorischen Themen, Trends und Diskursen aus der unmittelbaren Gegenwart. Sie versteht sich als Ort der Entdeckungen und kooperiert mit dem Centre Pompidou, dem Museum of Modern Art in New York, der Tate Gallery und vielen anderen. Die Ausstellungen widmen sich zeitgenössischen Kunstpositionen und der Kunst der Moderne gleichermaßen. Mit ihrem Programmschwerpunkt von der Kunst des 19. Jahrhunderts bis zur Gegenwart hat die Schirn bislang große Überblicksausstellungen, konzentrierte Themenausstellungen und Retrospektiven präsentiert.

Für Kinder im Alter von drei bis acht Jahren bietet sie übrigens ein ganz besonderes Highlight: die Minischirn. In diesem kreativen Erlebnisbereich können sie die Welt der Farben, Formen und Strukturen entdecken und machen ganz nebenbei ganzheitliche ästhetische Erfahrungen. Übrigens bewusst ohne ihre Eltern, aber mit geschultem pädagogischen Personal.

Der Name der Kunsthalle leitet sich aus der Geschichte ihres Standortes ab: »Schirn« bezeichnete ursprünglich einmal einen offenen Verkaufsstand. Denn dort, wo heute die Kunsthalle steht, befanden sich bis zur Zerstörung der Frankfurter Altstadt am 22. März 1944 die Verkaufsstände der Metzgerzunft in den dicht besiedelten Gassen.

www.schirn.de

Ort des Lernens und Staunens

Senckenberg Naturmuseum
—> Senckenberganlage 25,
60325 Frankfurt

36

Noch bevor man das Frankfurter Senckenberg Naturmuseum betritt, gerät man in seinen Bann: Vor dem Gebäude tummelt sich nämlich ein lebensgroßer Tyrannosaurus Rex als Nachbildung, und auch im Inneren kommt man aus dem Staunen nicht mehr so schnell heraus.

Das Senckenberg Naturmuseum, eines der größten Naturkundemuseen Europas, entführt seine Besucher auf eine Reise durch die Geschichte des Lebens und der Erde. Auf 6.000 Quadratmetern Ausstellungsfläche präsentiert es in der Dauerausstellung über 10.0000 außergewöhnliche Exponate aus der Welt der Biologie, Paläontologie und Geologie. Gigantische Dinosaurier (die größte Zahl an Dinosaurierarten in Deutschland!) erwachen im Sauriersaal zum Leben, während beispielsweise Tiefsee und Meeresforschung in eine bezaubernde Unterwasserwelt entführen. In der »Aha?! Forschungswerkstatt« ermöglichen interaktive Experimente und der Kontakt mit Wissenschaftlern ein hautnahes Erleben der Naturwissenschaft.

Überhaupt das Thema Austausch: Das Senckenberg Naturmuseum ist ein Ort lebendigen Lernens und der interaktiven Erfahrung. Besucher aller Altersgruppen können an Workshops, Vorträgen und Events teilnehmen, unterstützt von modernster Technologie. Und die Zukunft verspricht noch Größeres: Das Museum befindet sich in ei-

ner Phase der Erweiterung und Modernisierung. Vier neue Bereiche – Mensch, Erde, Kosmos und Zukunft – werden eingeführt und versprechen eine faszinierende Reise zu den Anfängen des Menschen, zu den atemberaubendsten Orten der Erde, in die endlosen Weiten des Universums und in die spannende Zukunft unseres Planeten.

https://museumfrankfurt.senckenberg.de

37 700 Jahre Kunst unter einem Dach

Städel Museum
—> Schaumainkai 63, 60596 Frankfurt

Das Städel Museum gilt als älteste und renommierteste Museumsstiftung in Deutschland und wurde 1815 als Bürgerstiftung vom Bankier und Kaufmann Johann Friedrich Städel gegründet. Dank der vielfältigen Sammlung erhält man einen fast lückenlosen Überblick über 700 Jahre europäische Kunstgeschichte vom frühen 14. Jahrhundert bis in die unmittelbare Gegenwart. Insgesamt umfasst seine Sammlung rund 3.200 Gemälde, 700 Skulpturen, über 5.000 Fotografien und über 100.000 Zeichnungen und Grafiken.

Manche Werke zeichnen sich durch einen besonderen Bezug zu Frankfurt auf, wie der Altar für die Frankfurter Dominikanerkirche (1501) von Hans Holbein d. Ä. oder Johann Heinrich Wilhelm Tischbeins Werk »Goethe in der römischen Campagna« (1786/87), Gemälde von Hans Thoma, Gustave Courbet sowie zahlreiche Arbeiten von Max Beckmann, dem ehemaligen Professor an der Städelschule.

Im Jahr 2023 neu eröffnet wurde der Städel Garten als erster frei zugänglicher Ausstellungsraum. Hier werden insgesamt 14 Skulpturen aus dem eigenen Bestand gezeigt, die auch einen Überblick über die Entwicklung der Bildhauerei der vergangenen 100 Jahre geben.

Apropos Einblicke: Bald dürfen sich die Besucher auch auf die neue Besucherterrasse auf dem Städel-Dach über der »Sammlung Alte Meister« freuen, die einen neuen Panoramablick auf die Stadt bieten wird.

www.staedelmuseum.de

»Un es will merr net in mein Kopp enei/Wie kann nor e Mensch net von Frankfort sei« – Friedrich Stoltzes bekannteste Verse werden bis heute zitiert. Und doch wird man dem populären Frankfurter nicht gerecht, wenn man ihn allein auf diesen Ausspruch über seine geliebte Heimatstadt reduziert. In seinem Hauptwerk, der satirischen Wochenzeitschrift »Frankfurter Latern«, hat sich der Sohn eines Altstadt-Gastwirts für individuelle Freiheit

Ein Leben für die Freiheit

38

Stoltze-Museum der Frankfurter Sparkasse
—> Markt 7 (Haus Zum Weißen Bock), 60311 Frankfurt

und Bürgerrechte, für Pressefreiheit sowie für ein geeintes und demokratisches Deutschland eingesetzt. Stoltze hat sich eingemischt, kritisch hinterfragt und Dinge angestoßen.

Etwa 150 Meter von seinem Geburtsort entfernt, er kam am 21. November 1816 im Rebstockhof zur Welt, ermöglicht das Stoltze-Museum der Frankfurter Sparkasse den Besuchern, sich auf die Spuren dieser so facettenreichen Persönlichkeit zu begeben. Das Museum gliedert sich in zwei Bereiche. In einen Teil im Treppenhaus des »Weißen Bocks« und drei Räume im Hinterhaus der »Goldenen Waage«. Im Mittelpunkt der Ausstellung steht der politische Autor, der Freiheitsdichter und Satiriker Friedrich Stoltze. In fünf Kapiteln werden Leben und Werk Stoltzes vorgestellt. Ein Touchscreen erlaubt es, in der »Frankfurter Latern« zu blättern. Originale aus dem Haushalt Stoltzes und eine Hörstation zu Persönlichkeiten, mit denen er in Verbindung stand, sind im Kaminzimmer der »Goldenen Waage« untergebracht. Ein Medientisch zu den historisch bedeutendsten Örtlichkeiten Frankfurts ergänzt die Dauerausstellung und wechselnde Sonderausstellungen.

www.frankfurter-sparkasse.de/stoltze

39 Von Frankfurt in die Welt

Struwwelpeter-Museum
—> Hinter dem Lämmchen 2–4, 60311 Frankfurt

»Der Struwwelpeter« gilt als eines der berühmtesten Kinderbücher aller Zeiten. Es erschien 1845 zum ersten Mal und wurde vom Frankfurter Arzt und Psychiatriereformer Heinrich Hoffmann geschrieben – als Weihnachtsgeschenk für seinen dreijährigen Sohn. Denn der Vater war mit dem damaligen Angebot an Kinderliteratur unzufrieden und griff in der Folge selbst zu Stift und Papier.

Bis heute ist der Erfolg des Werks ungebrochen, wobei es unter Pädagogen und Eltern nicht unumstritten ist. In den 1970er Jahren, der Hochzeit der antiautoritären Erziehung, schuf F. K. Wächter sogar einen »Anti-Struwwelpeter«. Wie auch immer man zum Struwwelpeter stehen mag: Manche der »lustigen Geschichten und drolligen Bilder«, so der ursprüngliche Titel des Werks, haben nichts an Aktualität eingebüßt. Man stelle sich nur den »Hans guck in die Luft« mit einem Smartphone in der Hand vor ... Und wussten Sie übrigens, dass der Struwwelpeter als Vorläufer des Comic gilt? Schließlich gehen auch diese Geschichten zunächst vom Bild aus. Zudem hat Hoffmann mit den Protagonisten quasi »Prototypen« menschlichen Verhaltens geschaffen (Magersucht, Hyperaktivität, Tierschutz, Rassismus, Rebellion). Das alles und noch viel mehr erfährt man im Struwwelpeter-Museum. Gleichzeitig wird hier aber auch an seinen Schöpfer Heinrich Hoffmann erinnert, eine bedeutende Frankfurter Persönlichkeit, der auch Abgeordneter im Vorparlament der Paulskirche war.

Neben der Dauerausstellung gibt es zudem auch immer wieder Sonderausstellungen zur Kulturgeschichte und Kinderliteratur.

www.struwwelpeter-museum.de

Zu Tisch!

Deutsches Museum für Kochkunst und Tafelkultur e. V.

—> Holzgraben 4/ Zeil 83, 60318 Frankfurt

40

Nach gut und gerne 30 Jahren ehrenamtlicher Vorarbeit wurde das Deutsche Museum für Tisch- und Tafelkultur im November 2015 sozusagen wiedereröffnet – ein Nischenmuseum, das allein auf ehrenamtlichem Engagement basiert. Bis 1937 gab es am Untermainkai ein Haus, das sich der Kochkunst in all ihren Formen widmete und auch auf einen reichhaltigen Sammlungsschatz zurückblicken konnte. Dieser beinhaltete nicht nur Geschirre, Bestecke, Vasen, Gläser, Tafelaufsätze und dergleichen mehr, sondern auch eine umfangreiche Bibliothek mit etwa 12.000 Bänden vom 16. Jahrhundert bis zur Gegenwart und auch 100 handgeschriebene Rezeptbücher ab 1600. Darüber hinaus hat das Museum eine Sammlung an 50.000 Menü- und Speisekarten. Unglaublich!

Am Holzgraben also will man nicht nur an die einstigen reichen kulinarischen, gastronomischen und tafelkulturellen Ausstellungen der Vergangenheit anknüpfen, sondern hier werden darüber hinaus auch Seminare und Vorträge zum Thema angeboten – gleichermaßen für interessierte Laien wie für Profis aus dem Gastgewerbe. Auf Basis kulturgeschichtlicher Grundlagen werden die Ausstellungen und Veranstaltungen immer auch heutige Kochkunst und Tafelkultur thematisieren.

Wichtig: Das Haus ist ausschließlich sonntags von 15 bis 17 Uhr geöffnet, gelegentlich finden wochentags Abendführungen statt. Vor dem Besuch empfiehlt sich ein Anruf unter: 069-550939.

www.tafelkultur.com

An der Endhaltestelle der Straßenbahnlinie 12 im beschaulichen Schwanheim, fern der hektischen Stadt, verbirgt sich das Verkehrsmuseum Frankfurt – ein Schatz für Liebhaber historischer Fortbewegungsmittel. Seit 1984 bietet das Museum eine Zeitreise durch den Frankfurter Personennahverkehr. Die Ausstellung »Von der Pferdebahn

Was dich bewegt!

41

Verkehrsmuseum Frankfurt
—> Rheinlandstraße 133,
60529 Frankfurt

bis zur Neuzeit« nimmt große und kleine Besucher mit auf eine Entwicklung durch die Jahrhunderte.

Dabei werden 30 original erhaltene und sorgfältig restaurierte Fahrzeuge präsentiert, welche die technische Evolution des städtischen Schienenverkehrs eindrucksvoll dokumentieren. Highlights sind unter anderem der erste Pferdebahnwagen von 1872, ein Originalzug der ersten elektrischen Straßenbahn Deutschlands aus dem Jahr 1884 sowie verschiedene Straßenbahntriebwagen, Straßenbahnbeiwagen, ein O-Bus, eine Dampflokomotive der ehemaligen Frankfurter Lokalbahn AG und ein Prototyp des ersten Frankfurter U-Bahnwagens. Ergänzt werden diese Exponate durch Gerätewagen, eine »Kinder-Fahrschule« und Fahrzeugmodelle, die die Entwicklung des Nahverkehrs anschaulich machen. Das Museum bietet nicht nur einen Einblick in die Welt der Fahrzeuge, sondern auch in das Alltagsleben vergangener Zeiten. Eine alte Wartehalle, historische Dienstkleidungen, Signalanlagen, Netzpläne und Fahrausweise vervollständigen das Bild.

Wegen notwendiger Renovierungsarbeiten bleibt das Verkehrsmuseum Frankfurt mit seiner bundesweit einzigartigen Sammlung zunächst allerdings bis auf Weiteres geschlossen.

www.hsf-ffm.de

42 Die Welt zu Gast in Frankfurt

Weltkulturen Museum

—> Schaumainkai 29–37, 60594 Frankfurt

Das Weltkulturen Museum ist das einzige ethnologische Forschungsmuseum in Hessen und wurde 1904 gegründet. Es hat eine Sammlung von mehr als 67.000 Artefakten aus allen Teilen der Welt sowie ein Bildarchiv mit rund 120.000 Fotografien, eine wachsende Sammlung historischer und zeitgenössischer ethnografischer Filme sowie eine Bibliothek mit mehr als 50.000 Büchern und Zeitschriften.

Die Einrichtung hat sich der interdisziplinären Zusammenarbeit verpflichtet und arbeitet an der Schnittstelle von Ethnologie und Kunst. Mit seinen Ausstellungen möchte das Weltkulturen Museum die Vielfalt der Weltbilder, Geschichtsschreibungen, Religionen, Ästhetiken und deren Akzeptanz und Wertschätzung fördern und versteht sich als Forum für den transkulturellen Austausch. Gleichzeitig verbindet es das Lokale mit dem Globalen. Eines seiner zentralen Themen ist die Provenienzforschung, also die Herkunft der Sammlungsobjekte, sowie die kritische Aufarbeitung kolonialer Kontexte.

Ein vielfältiges Vermittlungsangebot – Führungen und Workshops – richtet sich an die unterschiedlichsten Besuchergruppen und -interessen. So können diese tiefer in die Themenstellungen der jeweils aktuellen Ausstellung eintauchen, sich einzelnen Sammlungsobjekten konzentrierter widmen oder auch neue Ideen entwickeln und Bezüge zu aktuellen gesellschaftlichen Fragestellungen diskutieren.

www.weltkulturenmuseum.de

Im wunderbaren Gießkannen Museum (GiKaMu), das, wie könnte es anders sein, selbstverständlich in Gießen seinen Sitz hat, bewahrheitet es sich einmal mehr: Nicht die Quantität – in dem Fall: die Größe – ist entscheidend, sondern die Qualität. Und wenn einem hier kein leiser Pfiff zwischen den Zähnen entweicht, ist dies einzig ein Zeichen hervorragender Körperbeherrschung. Denn wer sich nicht

Klein, aber oho!

Gießkannen Museum
—> Sonnenstraße 3,
35390 Gießen

43

gerade als Kenner der Materie ausweisen kann, hätte wohl niemals vermutet, wie umfangreich die Welt der Gießkannen ist. Ach, du ahnst es nicht! Echt! Unglaublich, was hier alles zusammengetragen wurde: Gießkannen in den schönsten Farben und Formen und unterschiedlichsten Materialien.

Die Sammlung besteht aus Schenkungen, Ankäufen, Kellerfunden oder Dauerleihgaben. Ein Wunschzettel auf der Homepage zeigt Schätzchen, über die man sich sehr freuen und die die Sammlung weiter ergänzen würden.

Die Idee zu dem ungewöhnlichen Ausstellungshaus, das sich schnell tief in die Herzen der Gießener gegraben hat, stammt übrigens aus einem Ideenwettbewerb im Vorfeld der Landesgartenschau. Seit 2018 lädt das GiKaMu einmal im Jahr eine zeitgenössische künstlerische Position zur Umsetzung einer Ausstellung ein. Ausgewählt werden für diese Reihe, die unter dem Titel »Freifläche« steht, bildende Künstler, deren Arbeiten sich mit den Themenbereichen der Sammlung in Verbindung setzen lassen.

Öffentliche Führungen durch die Sammlung finden immer samstags um 15 Uhr statt.

www.giesskannenmuseum.de

Die Quadratur des Kreises

Mathematikum
→ Liebigstraße 8,
35390 Gießen

44

»Mathe macht glücklich« ist ein Satz, dem viele Menschen erst einmal nicht widerspruchslos zustimmen würden. Allzu präsent ist die Erinnerung an qualvolle Schulstunden, die sich hinzogen wie Kaugummi und in denen man auch nicht annähernd verstand, was die kryptischen Buchstaben- und Zahlenfolgen bedeuten sollten, die vorn an die Tafel geschrieben wurden und die dann auch noch den geheimnisvollen Namen »Formel« trugen. Die Mathematik – ein Buch mit sieben Siegeln.

Dass das keinesfalls so sein muss, beweist das Gießener »Mathematikum«, das erste mathematische Mitmach-Museum der Welt. Gegründet und angetreten wurde es von Albrecht Beutelspacher, seines Zeichens Mathematikprofessor, um auch dem größten Matheskeptiker zu beweisen, dass sein Fach Spaß macht und alles andere als trocken ist. Und was soll man sagen: Im Mathematikum gelingt das hervorragend, denn hier werden den Besuchern wissenschaftliche Phänomene und mathematisches Wissen in Form von interaktiven Experimenten nähergebracht. Durch die Lust am Knobeln (allein oder in der Gruppe) entdeckt man auf spielerische Weise, wie alles zusammenpasst. Und plötzlich erscheint vieles logisch – mathematisch eben. Im Mini-Mathematikum haben schon Vierjährige die Möglichkeit, Mathematik zum Anfassen zu erleben. Und so kann am Ende des Besuchs dann vielleicht auch der größ-

te Mathe-Muffel den Eingangssatz unterschreiben. Oder zumindest abwandeln in: »Mathe macht Spaß!«

www.mathematikum.de

Die Sehnsucht nach Wärme begleitet die Menschheit seit Anbeginn. Schon vor Hunderttausenden von Jahren wusste der Mensch die Kraft des Feuers zu nutzen. Genau diese urmenschliche Verbindung zur Wärme wird hier auf etwa 300 Quadratmetern erlebbar. In einer liebevoll restaurierten Villa aus dem 19. Jahrhundert, erbaut 1862, entführt das Museum in eine Ära, als Einzel-

Es geht heiß her

45

Zentralheizungsmuseum in der Buderus Akademie

—> Justus-Kilian-Straße 1, 35457 Lollar

öfen mühsam mit Kohle der Koks befeuert wurde. Der Wunsch nach Privatsphäre trieb die Entwicklung voran. Zentralheizungen, damals ein Luxus, revolutionierten das Wohnen im frühen 20. Jahrhundert. Doch das Museum zeigt nicht nur die sozialen Veränderungen, sondern auch den technischen Fortschritt. Von gusseisernen Öfen bis zu modernen Solarkollektoren, von handgeschriebenen Plänen des Berliner Reichstags aus dem Jahr 1895 bis hin zu Originalheizungen des 17. Jahrhunderts – das Museum behütet Schätze, die die Entwicklung der Heiztechnik in ihrer ganzen Vielfalt präsentieren.

Im Herzen des Museums steht eine Schaufensterpuppe, die an die Ära der Heizer erinnert. Neben ihr erstrecken sich Ofenfeuerungen, Zentralheizungskesseln und Regelsysteme. Dabei wird nicht nur die Vergangenheit beleuchtet, sondern auch die Zukunft: Energieeinsparung und nachhaltige Heizlösungen stehen im Fokus.

In der Bibliothek des Museums, einem Schatzhaus mit über 5.000 Büchern, finden Wissbegierige vertiefende Einblicke in die Welt der Heiztechnik. Das älteste Buch von 1618 zeugt von der frühen Auseinandersetzung mit dem Heizen.

www.buderus.de

Glänzende Einblicke

Deutsches Goldschmiedehaus
—> Altstädter Markt 6,
63450 Hanau

46

Mitten im Herzen der Altstadt, in einem der historisch bedeutendsten Häuser, präsentiert sich das Deutsche Goldschmiedehaus.

Zur Zeit der Spätrenaissance wurde mit dem Bau des Gebäudes begonnen. Mit der Gründung der Hanauer Neustadt 1597 siedelten sich Niederländer und Wallonen an, zu denen auch zahlreiche Goldschmiede zählten. Diese schlossen sich 1610 zur Zunft der Gold- und Silberschmiede zusammen und begründeten damit die Blütezeit der Goldschmiedekunst in Hanau in der zweiten Hälfte des 18. Jahrhunderts.

Das zentral gelegene Gebäude war seit 1942 Goldschmiedehaus, wurde jedoch 1945 zerstört. Seit dem originalgetreuen Wiederaufbau ist das Goldschmiedehaus Ausstellungshaus für deutsche und internationale Schmuck- und Gerätegestaltung. Mit seinen vielseitigen Expositionen gehört es zu den bedeutendsten Ausstellungszentren der Gold- und Silberschmiedekunst in Deutschland und zu den sehr wenigen Häusern, die sich auf Schmuck- und Edelmetallkunst konzentrieren. Eine echte Besonderheit in der Museumslandschaft.

Das Museum bietet ständig Wechselausstellungen. Die Inhalte reichen von Retrospektiven einzelner Schmuck- und Gerätegestalter bis hin zu thematischen Schauen, aber auch die Präsentation unterschiedlicher Künstlergruppen sowie Nachwuchskünstler und wichtiger Ausbildungsstätten gehören zum Programm. Ein beliebter

Höhepunkt für die jungen Gäste sind die Kinder-Goldschmiede-kurse in der Schau-Werkstatt.

www.goldschmiedehaus.com

Apfelwein ist mehr als nur ein Getränk. Er erzählt Geschichten, bewahrt Anekdoten, weckt tiefe Emotionen und ist identitätsstiftend. Als Symbol für Heimat und Teilhabe hat er die Menschen seit jeher vereint.

Das »Gerippte Museum – Raum für Apfelweinkultur«, ein Projekt des gemeinnützigen Vereins Apfelwein-Centrum

Flüssiges Gold

47

Gerippptes Museum – Raum für Apfelweinkultur

—> Heumarkt 6, 63450 Hanau

Hessen (ACH!) e.V., präsentiert die Welt des hessischen Nationalgetränks in all ihren Facetten: von Kultur und Geschichte über Herstellung, Ökologie, Ökonomie, Kunst und Genuss bis hin zur Internationalität. »Es ist vor allem dessen Vielfalt, die wir darstellen möchten«, betont Kurator Jörg Stier.

Der Museumsraum am Heumarkt ist eine wahre Fundgrube für ACH-Momente. Zu den herausragenden Exponaten gehören der größte Bembel der Welt mit einem Fassungsvermögen von 670 Litern sowie das größte Gerippte der Welt, das stolze 80 Liter Apfelwein fasst. Zudem präsentiert das Museum eine beeindruckende Sammlung historischer Apfelweingläser, Bembel und Deckelchen. Individuelle Führungen sind auf Anfrage möglich, auch steht das Museum für öffentliche und private Veranstaltungen offen. Das Museum organisiert zudem Lesungen, Seminare, Vorträge und Apfelweinproben.

In Hanau ist das Stöffsche gut verortet, denn mit dem jährlichen Bundesäppelwoi-Fest, der Krönung der Bundesäppelwoi-Königin und ihrem König im Stadtteil Steinheim sowie dem Ausgangspunkt der ausgesprochen lohnenden Hessischen Apfelweinstraße hat sich Hanau längst als wichtiges Apfelweinzentrum etabliert.

www.gerippptes-museum.de

Kulturgeschichte im Kleinformat

48

Hessisches Puppen- & Spielzeugmuseum
—> Parkpromenade 4, 63454 Hanau

Anstoß war eine einzelne Puppe: Gertrud Rosemann entdeckte sie in den 1960er Jahren in einem Frankfurter Antiquariat und kaufte sie als Andenken an ihre Kindheit. Daraus entstand eine beeindruckende Sammlung, die den Grundstock eines Magneten gelegt hat, der heute Besucher jedes Alters anzieht: das Hessische Puppen- und Spielzeugmuseum.

In dem reizvollen Arkadenbau spannt die Dauerausstellung einen Bogen von der Antike bis zur Moderne. Weil Spielsachen schon immer Zeitzeugen und Abbilder ihrer Epochen gewesen sind, erfährt man hier einen Blick auf die Weltgeschichte im Kleinen. Im Bereich der »Antike« etwa entdecken Besucher Spielzeug vom 4. Jahrhundert vor unserer Zeitrechnung bis ins 1. Jahrhundert. In der Sammlung »Ständische Gesellschaft« wird deutlich, dass Prinzessinnen über Puppen verfügten, die sie auf ihre Pflichten vorbereiten sollten. Der Übergang zum 19. Jahrhundert markiert hingegen eine Veränderung im Spielzeugangebot wohlhabender Bürger. Puppenküchen, Wickelkinder und Waschzubehör spiegeln das Idealbild der fleißigen Hausfrau wider. Puppen mit Köpfen aus Papiermaché oder glasiertem Porzellan, Puppenhäuser und angemessene Bekleidung geraten im Bereich der Sammlung »Bürgerliche Gesellschaft« in den Mittelpunkt.

Inzwischen umfasst das Portfolio des Museums auch Spielzeuge aus Blech. Neben

der Dauerausstellung finden wechselnde Sonderschauen statt. Und beim Betrachten allein muss es nicht bleiben, denn überall gibt es Spielstationen, in der Wunderkammer kann man sogar seine eigene kleine Ausstellung gestalten.

www.hpusm.de

Inmitten der malerischen Main-Nähe erhebt sich majestätisch das Schloss Philippsruhe, ein Juwel der hessischen Kultur und Architektur. Dieses prachtvolle Landschloss im Barockstil fasziniert Besucher aus aller Welt, umgeben von einem üppigen Schlosspark ist es ein Ort der kulturellen Vielfalt und historischen Bedeutung. Die Geschichte dieses ele-

Museen hinter prachtvollen Mauern

49

Historisches Museum Schloss Philippsruhe, GrimmsMärchenReich, Papiertheater-Museum

—> Philippsruher Allee 45, 63454 Hanau

ganten Schlosses reicht bis ins 18. Jahrhundert zurück, ab 1701 wurde es errichtet. Im 19. Jahrhundert modernisierte es der renommierte dänische Architekt Ferdinand Meldahl, seitdem erstrahlt es in voller Pracht. Heute beherbergt es das Historische Museum Hanau mit prächtigen Stuckdecken, opulenten Holzintarsien und Werken von Hanauer Künstlern wie Anton Wilhelm Tischbein und August Gaul.

Besonders faszinierend ist das GrimmMärchenReich im Nordflügel. Dieses einzigartige Mitmach-Museum erzählt die Geschichten von Jacob und Wilhelm Grimm auf lebendige und interaktive Weise. Kinder ab vier Jahren und Erwachsene tauchen hier ein in die fantasievolle Welt der Märchen, die von klugen Prinzessinnen, mutigen Prinzen, bösen Hexen und gefährlichen Riesen bevölkert ist. Highlights sind die persönlichen Gegenstände der Brüder Grimm.

Das Papiertheatermuseum, ein weiterer Schatz im Schloss, bewahrt eine 200-jährige Tradition. Mit seinen filigranen Figuren und spannenden Geschichten zieht dieses Miniaturtheater Besucher auch heute noch in seinen Bann. Die UNESCO hat dieses kulturelle Erbe übrigens als immaterielles Kulturerbe anerkannt.

www.museen-hanau.de/museen/schloss-philippsruhe

Gigantisch schön

Bergpark und Schloss Wilhelmshöhe

—> Schlosspark Wilhelmshöhe 22, 34131 Kassel

50

Der Bergpark Wilhelmshöhe ist weltweit einmalig. Mit 2,4 Quadratkilometern Fläche gilt er als Europas größter Bergpark und ist berühmt für seinen einzigartigen Baum- und Pflanzenreichtum, die Museen und Sehenswürdigkeiten und natürlich den Herkules, das Wahrzeichen Kassels mit seinen Wasserspielen. Zu Recht gehört er zu den UNESCO-Welterbestätten und gilt laut der Deutschen Zentrale für Tourismus zu den Top-100-Sehenswürdigkeiten in Deutschland. Von der großen Aussichtsplattform des insgesamt 71 Meter hohen Herkules-Monuments überblickt man nicht nur die gesamte barocke Parkanlage und die Stadt, sondern man kann – gute Sicht vorausgesetzt – sogar bis zum Harz und zur Rhön schauen. Ein weiteres zentrales Element des Bergparks sind die historischen, 300 Jahre alten Wasserspiele, die im Original erhalten sind. Bewundern kann man sie immer vom 1. Mai bis 3. Oktober mittwochs, sonntags und feiertags. Beginn des Spektakels ist jeweils um 14.30 Uhr unterhalb des Herkules.

Im über 200 Jahre alten Schloss Wilhelmshöhe verbrachten die Kurfürsten und Landgrafen von Hessen-Kassel ihre »Sommerfrische«. Heute sind hier gleich mehrere Museen und Sammlungen untergebracht: Im Mittelteil die berühmte Gemäldegalerie der Alten Meister, die Antikensammlung und die Grafische Sammlung. Darüber hinaus bietet das Museum Platz für Sonderaus-

stellungen. Doch man kann hier auch Schlossräume im engeren Sinne besichtigen. Diese befinden sich im Schlossmuseum im Weißensteinflügel.

www.heritage-kassel.de

Humor ist, wenn man trotzdem lacht

Caricatura – Galerie für komische Kunst

—> Rainer-Dierichs-Platz 1, 34117 Kassel

51

Zugegeben – die Caricatura Galerie in Kassel ist ein reines Special Interest-Museum. Für Leute mit Humor, die eben nicht in den Keller, sondern dann in den hiesigen Kulturbahnhof gehen. Und deshalb herrscht hier auch nicht die andächtige Stille wie sonst in Museen, vielmehr giggelt, prustet, wiehert, kichert oder lacht es immer wieder aus allen Ecken. Und ja: Die Exponate sind nicht immer schön, aber immer schön böse – und das goutiert das kundige Publikum.

Die Kasseler Einrichtung gilt als wichtiges Komik- und Satirezentrum in Deutschland. Jedes Jahr werden hier mehrere große Schauen aus den Bereichen Karikatur, Cartoon und Komische Malerei gezeigt. Außerdem bietet sie ein Podium für satirische Bühnenprogramme und Lesungen. Gegründet wurde die Caricatura Galerie 1987 und erhielt direkt den »Kulturforderpreis der Stadt Kassel«. Damals zeigte sie parallel zur documenta Kunstwerke der Komischen Kunst, die den Beweis antreten wollten, dass auch Cartoon und Karikatur ebenfalls »richtige« Kunst seien. Mittlerweile ist die Sammelausstellung, die sie noch immer parallel zur documenta präsentiert, die bedeutendste im deutschsprachigen Raum.

Übrigens geht das Caricatura Museum, das im Jahr 2000 in Frankfurt entstand, auf die Idee von Achim Frenz zurück, einem der Mitbegründer der Kasseler Caricatura und dann Direktor des Frankfurter Hauses.

www.caricatura.de

Zwischen-Raum

Museum Fridericianum
—> Friedrichsplatz 18, 34117 Kassel

52

Das Fridericianum war 1779 ein Auftrag des Landgrafen Friedrich II. und damit eines der ersten öffentlichen Museen und gilt neben dem Wörlitzer Schloss in Sachsen-Anhalt als erster rein klassizistischer Bau Deutschlands. Von 1810 bis 1813 wurde das Gebäude dann zum Ständepalast mit Parlamentssaal.

1955 fand an diesem »Ausstellungsort für zeitgenössische Kunst« die erste documenta statt, die sich aber mittlerweile auf weitere Ausstellungsgebäude und Freiflächen Kassels erstreckt. Seit 1988 ist das Haus eine international renommierte Kunsthalle. Übrigens war hier Susanne Pfeffer Direktorin, bevor sie dem Ruf nach Frankfurt folgte und den Posten als Direktorin des MMK antrat.

Zwischen den documenta-Ausstellungen wird das Haus vom Fridericianum und dem Kasseler Kunstverein bespielt. Im Fokus des Programms stehen sowohl Künstler, denen in Deutschland institutionell bislang noch keine Plattform geboten wurde, als auch bereits etablierte Positionen, die es wiederzuentdecken gilt. Darüber hinaus finden in schöner Regelmäßigkeit disziplinübergreifende Veranstaltungen statt, um die aktuell gezeigte künstlerische Position aus weiteren Blickwinkeln zu betrachten.

Spannend sind auch die sogenannten »Interventionen«, bei denen die Künstler ortsspezifische Werke – etwa Wandmalereien, Klangskulpturen oder Außenskulpturen – für bislang ungenutzte Flächen des Hauses entwickeln. Immer neu, immer anders.

www.fridericianum.org/de/

Einfach märchenhaft!

GRIMMWELT
—> Weinbergstraße 21,
34117 Kassel

53

Märchen verbinden Generationen – schon immer. Und so ist die GRIMMWELT in Kassel selbstverständlich ein Erlebnisort für alle, die mehr über die beiden berühmten Märchensammler und vor allem Sprachforscher Jacob und Wilhelm Grimm erfahren möchten, denn hier werden Sprache, Märchen und Biografisches für alle Altersklassen attraktiv aufbereitet. Eine spannende Kombination aus historischen Objekten, modernen Kunstwerken und interaktiven Installationen macht sie zu einem Ort des Erkundens, forschenden Lernens und aktiven Erfahrens. Sie ist aufgebaut wie ein Glossar: Begriffe aus dem »Deutschen Wörterbuch« zeigen den Besuchern den Weg. Insgesamt 25 Themenbereiche lassen sich so von Ä wie »Ärschlein« bis Z wie »Zettel« erkunden.

Man kann am Tisch der sieben Zwerge Platz nehmen, sich wie Rotkäppchens Großmutter vom bösen Wolf fressen lassen und wie klingt eigentlich Rumpelstilzchen auf Japanisch? Besonders nett ist auch der »Schimpfwörtertrichter«, der für jedes Kraftwort unserer Zeit eines aus der Grimm-Zeit zurückgibt. In der Schatzkammer der Ausstellung sind wertvolle Originale zu sehen, etwa die Erstausgaben der »Kinder- und Hausmärchen«.

www.grimmwelt.de

54 Leben Sie wohl!

Museum für Sepulkralkultur
→ Weinbergstraße 25–27, 34117 Kassel

Eigentlich gelten die Themen Sterben, Tod und Trauer in der hiesigen Gesellschaft noch immer als Tabu. Doch in Kassel wirkt man bereits seit 1992 dagegen an, denn bekanntermaßen gehört der Tod zum Leben.

Damals eröffnete mit dem Museum für Sepulkralkultur die weltweit einzige, ausschließlich kulturellen und wissenschaftlichen Maßstäben verpflichtete Institution, die sich mit dem Tod in all seinen Facetten beschäftigt. Die Dauerausstellung zeigt zahlreiche Exponate aus der christlich-abendländischen Sepulkralkultur: Sensenmänner, Stundengläser, mittelalterliche Totentänze, kunstvoll bemalte Totenschädel bis hin zu Trauerschmuck und Leichenwagen. Sie zählen überwiegend zur Alltags- und Gebrauchskultur und dokumentieren die Strategien der Menschen im Umgang mit ihrer Endlichkeit. Außerdem sind in der Ausstellung Särge, Trauerkleidung und Trauerschmuck zu besichtigen. Ein geschlossener Bestand von Erwachsenen- und Kindersärgen des 17. bis 19. Jahrhunderts stammt aus der Gruft einer nordhessischen Adelsfamilie. Außerdem gibt das Museum beispielhaft Einblicke in die Bestattungsriten verschiedener Religionen und Kulturen in Deutschland. Denn in einem Einwanderungsland gewinnen auch die jeweiligen Sitten und Gebräuche von Migranten zunehmend auf den hiesigen Friedhöfen an Bedeutung.

Beeindruckend sind auch die kunstvollen Zimmerdenkmäle wie Haarbilder und Haarkästen, die die unterschiedlichen Formen der Erinnerungskultur erkennen lassen. Hinzu kommen Arbeiten zeitgenössischer

Künstler, die sich mit den Themen Sterben und Tod auseinandersetzen. Sonderausstellungen ergänzen die Dauerausstellung.

www.sepulkralmuseum.de

d11
2002
Documenta11

Gar nicht artig

Neue Galerie – Hessen Kassel Heritage

—> Schöne Aussicht 1,
34117 Kassel

55

Bis heute ist der Raum, den Joseph Beuys 1976 zur Eröffnung der Neuen Galerie einrichtete, das Herzstück des Hauses. Das in der Mitte aufgestellte Hauptwerk »The Pack (Das Rudel)« (1969) ist umgeben von Vitrinen, Zeichnungen und plastischen Bildern. Dazu gehören auch neun Multiples, unter anderem das bedeutende Selbstporträt des Künstlers »La rivoluzione siamo Noi (Die Revolution sind wir)« von 1972.

Ansonsten zeigt die Neue Galerie moderne Kunstwerke aus den staatlichen und städtischen Sammlungen. Auf den 3.500 Quadratmetern Ausstellungsfläche kann man hier das große Spektrum und die Vielfalt der Darstellungsformen aus der jüngeren Kunstgeschichte erleben: von Gemälden, Skulpturen und neuen Medien, von Landschaftsbildern des 19. Jahrhunderts über die abstrakte Malerei bis hin zur internationalen Gegenwartskunst.

Als weiterer Höhepunkt kann der Raum mit bedeutenden Arbeiten von Lovis Corinth gelten, zu denen unter anderem das Gemälde »Walchensee, Landschaft mit Kuh« (1921) zählt. Besonders sehenswert ist die Dauerausstellung »about: documenta«, in der man in deren Geschichte eintauchen kann. Hier zeigt das Museum auch Originalwerke aus vergangenen documenta-Ausstellungen wie beispielsweise vier Stühle aus Ai Weiweis Kunstprojekt »Fairytale«.

www.heritage-kassel.de

56 Unter Tage

Hessisches Braunkohle Bergbaumuseum

—> Am Amtsgericht 2–4,
34582 Borken

Tief im Westen, wo die Sonne verstaubt! Ist es besser, viel besser, als man glaubt ...« –zweifellos, es hat zwar nie das Gewicht der Bergwerke im Ruhrgebiet gehabt, auch eine legendäre Hymne wie Herbert Grönemeyers »Bochum« kann es nicht für sich in Anspruch nehmen, und dennoch: Die Bergbaufolgelandschaft des einst bedeutendsten hessischen Braunkohlereviers ist unbedingt einen Besuch wert.

Im Großraum Borken wurde von 1923 bis 1991 großbetrieblich Braunkohle gewonnen und zur Erzeugung elektrischer Energie genutzt. Anfang der 1990er Jahre endete eine Epoche systematischer Ressourcenschöpfung, die in eine über 400-jährige Bergbaugeschichte im Raum Nordhessen eingebettet ist. Das Hessische Braunkohle Bergbaumuseum in Borken zeigt unter der Überschrift »Industriekultur entdecken – Landschaftswandel erfahren« die Arbeitswelt der Bergleute und Kraftwerker.

Zum Museum gehören u. a. ein Besucherstollen, der Themenpark »Kohle & Energie« und der 34 Kilometer lange Braunkohle-Rundweg. Ein Ausflug in den »Besucherstollen« führt einen in die Arbeitswelt der Bergleute. Die Ausstellungsstücke werden den Besuchern »in Arbeit« vorgeführt. Knatterndes Bohrgerät, rotierende Walzen von Schrämladern, Kohle raubende Streckenvortriebsmaschinen, Erdmassen abstützende Schildausbaue, ratternde Förderbänder mit Kumpelfängern – all das und viel mehr lässt sich vor Ort erleben. Im Kindererlebnisstollen lernen Kinder die un-

tertägigen Arbeitsbedingungen mit allen Sinnen kennen. Frei nach dem Motto: Wir fördern Erkenntnisse zutage.

www.braunkohle-bergbaumuseum.de

Die Leica Welt im Leitz-Park in Wetzlar ist nicht nur für Leica Enthusiasten und Fotografie-Begeisterte ein inspirierender Ort. Denn hier erhält man einerseits tiefe

57 Fotografie erleben

Leica Welt
—> Am Leitz-Park 6,
35578 Wetzlar

Einblicke in die Markenwelt und Manufaktur des Traditionsunternehmens – durch drei Panoramafenster können die Besucher etwa in den Fertigungsbereich von Objektiven und Kameras sehen. Andererseits taucht man im interaktiven Ernst Leitz Museum tief in die Geschichte der Fotografie ein, kann mit unterschiedlichen Gestaltungselementen wie Licht und Schatten spielen, sich inszenieren und die Aufnahmen ausgedruckt gleich mit nach Hause nehmen oder per App downloaden.

Sowohl im Ernst Leitz Museum als auch in der Leica Galerie und im Leitz-Park Wald finden wechselnde Ausstellungen international renommierter Fotografen statt. So stellten in der Leica Galerie schon der Musiker Lenny Kravitz oder der Jazz-Trompeter Till Brönner aus, im Ernst Leitz Museum dagegen waren Werke von Rankin, Alberto Venzago oder Frank Horvat zu sehen. Auch der futuristisch anmutende Gebäudekomplex selbst ist mehr als faszinierend: Hier wurden, in Anlehnung an das Leica Produktportfolio, für das Firmengebäude nämlich die Formen eines Objektives und Fernglases als zentrale Gestaltungselemente gewählt. Das Headquarter mit Leica Galerie und Produktionsgang ist sogar kostenfrei zugänglich.

www.leica-welt.com

58 Wie im Märchen

Schloss Braunfels
—> 35619 Braunfels

Das im Schatten der Lahn auf einem Basaltkegel gelegene Schloss Braunfels ist seit dem 13. Jahrhundert Stammsitz der Grafen und Fürsten zu Solms-Braunfels. Schon von Weitem begeistert seine imposante Silhouette – eine Begeisterung, die bei Betreten des Schlosses noch zunimmt. Der Innenhof empfängt Besucher mit einem gepflasterten Löwen, umgeben vom 48 Meter hohen Bergfried, der Ausblick über Taunus und Westerwald gewährt. Während einer Führung enthüllt der Rittersaal seine Schätze: Rüstungen neben Kriegs-, Turnier- und Jagdwaffen. Die Gemäldegalerie, die Altenberger Zimmer, der Ahnengang und die Galerie mit Werken des Jagdmalers Johannes Deiker erzählen die Geschichte des Schlosses und seiner Bewohner. Zeitgenössisches Mobiliar aus dem 15. bis 19. Jahrhundert umrahmt Skulpturen, Gemälde und Gobelins. Das ehemalige Prämonstratenserinnenstift Altenberg offenbart sakrale Kunstschätze, darunter der legendenumwobene Ring der Hl. Elisabeth von Thüringen aus dem 13. Jahrhundert. Der Kanonenplatz, die Kutschenhalle und der mysteriöse Kerker, auch Hungerloch genannt, enthüllen geheime Geschichten.

Im Langen Bau des Schlosses verbergen sich die Schätze des Fürstlichen Familienmuseums. Es gewährt Einblicke in die Geschichte der Grafen und Fürsten zu Solms-Braunfels. Fürstenbrief, Militaria, Kunsthandwerk, Pokale, Gläser, Münzen und vieles mehr zeigen vergangene Epochen. Schloss Braunfels knüpfte Netzwerke nach ganz

Europa und über Kontinente hinweg, die im Fürstlichen Familienmuseum aufleben.

www.schloss-braunfels.de

59

Faszination auf Rädern

Nationales Automuseum The Loh Collection
—> Museumsstraße 1, 35716 Dietzhölztal

Der Werdegang eines Fahrzeugs, seine Eigenschaften, sein Charakter – das alles ist unter dem Strich weit mehr als ein Produkt auf Rädern«, sagte der Italiener Giorgetto Giugiaro. Wer das »Nationale Automuseum The Loh Collection« in Dietzhölztal-Ewersbach besucht, kann dem Industriedesigner nur leidenschaftlich zustimmen.

Das noch junge Museum – es wurde am 23. Juli 2023 eröffnet – führt Besucher in eine Welt automobiler Emotionen und Kostbarkeiten. Unter den rund 150 Fahrzeugen seit 1886 sind zahlreiche Einzelstücke, Prototypen und Highlights der Automobilgeschichte – darunter Michael Schumachers erster Weltmeister-Ferrari, der Lincoln Continental von US-Präsident John F. Kennedy oder das nur einmal gebaute Rekordfahrzeug Maybach Exelero. Hinzu kommen Legenden der Automobilgeschichte – vom Bugatti Typ 57 Atalante über den Lamborghini Miura SV bis zum Mercedes CLK GTR – sowie ein breites Spektrum an Rennsportfahrzeugen. Museumsgründer Prof. Dr. Friedhelm Loh: »Diese einzigartigen Exponate stehen für Mut, Innovationskraft, wegweisendes Design, Handwerkskunst und Liebe zum Detail.«

Die außen modern gestalteten Hallen zeigen innen auf 7.500 Quadratmetern den Charme originalerhaltener, historischer Industriegebäude. Blickfang ist eine Steilkurve mit den Ikonen der Automobilgeschichte. Dahinter setzt ein überdimensionaler Setzkasten fast 30 Sport- und Rennwagen in Szene. Das Nationale Automuseum verfügt auch über eine große Sammlung an Motoren, Schnittmodellen und Technikexponaten – von der Dampfmaschine bis zur E-Auto-Plattform.

www.nationalesautomuseum.de

Barockjuwel an der Lahn

Schloss Weilburg
—> Schloßplatz, 35781 Weilburg

60

Die Geschichte von Schloss Weilburg liest sich wie ein Märchen: Graf Johann Ernst zu Nassau-Weilburg (1664–1719), ein junger Herrscher eines kleinen Reiches an der Lahn, besuchte auf seiner Bildungsreise den Hof des französischen Königs Ludwig XIV. in Versailles. Überwältigt von der Architektur des Schlosses und der Pracht des riesigen Parks, wurde hier seine Vision geboren, die er ab 1702 in Weilburg umsetzte. Durch seine finanzielle Unabhängigkeit beauftragte Johann Ernst seinen Architekten Ludwig Rothweil, die Residenzstadt Weilburg in ein blühendes Zentrum zu verwandeln. Das mittelalterliche Städtchen, gezeichnet von den Zerstörungen des Dreißigjährigen Krieges, erstrahlte in neuem Glanz und wurde bald als »Perle an der Lahn« bezeichnet. Das Schloss, auf einem hohen Bergsporn und ursprünglich im 10. Jahrhundert als Burg erbaut, wurde im Renaissance-Stil erweitert. Unter Johann Ernst erfuhr es später eine barocke Transformation, geprägt von Pracht

und Lebensfreude, charakteristisch für das 16. Jahrhundert bis etwa 1770. Die Opulenz vergangener Tage offenbart sich in den reich ausgestatteten Innenräumen des Schlosses. Ein Höhepunkt ist die riesige Badewanne aus schwarzem Marmor, die mit fließend warmem und kaltem Wasser gefüllt werden konnte. Im Schlosshof erzählen die Wappen die Geschichten der verschiedenen Bauherren und Bauphasen des Schlosses. Der Schlosspark, nach Prinzipien des Barocks gestaltet, ist ebenfalls wesentlicher Bestandteil des Gesamtkonzeptes und lädt zu entspannten Spaziergängen ein.

www.schloesser-hessen.de/de/schloss-weilburg

61

Alles Flaschen

Selterswassermuseum
—> Am Urseltersbrunnen 5, 65618 Selters

Wenn ein Name zum Synonym für ein Produkt wird ... Der Begriff Selters ist zum Begriff für kohlensäurehaltiges Wasser geworden – es wird kein Sprudelwasser bestellt, sondern Selters. Der ein oder andere erinnert sich gar vielleicht noch an den ikonischen Radio-Werbespot: »Selters. Aus Selters an der Lahn.«

Erstmals im Jahr 1581 beschrieben, avancierte Selterswasser im 18. und 19. Jahrhundert zum deutschen Marktführer, selbst im europäischen Ausland, in Amerika und Asien schätzten Abnehmer das Erzeugnis aus Niederselters, welches zunächst in Tonflaschen millionenfach in alle Welt verkauft wurde. Nur wenige Schritte von der einst berühmtesten Mineralquelle Deutschlands entfernt, eröffnet das Selterswassermuseum in der Niederselterser Brunnenanlage den Besuchern einen faszinierenden Einblick in die Historie eines Mineralwassers, dessen Heilkräfte in Büchern und von Medizinern gerühmt wurde. Landkarten, Bilder, Urkunden, Krüge, alte Füllmaschinen und vieles mehr lassen die Geschichte von Selterswasser lebendig werden. Besonders beeindruckend ist die weltweit größte Mineralwasserflaschensammlung. Hans Figlar aus München hat über Jahrzehnte hinweg Mineralwasserflaschen aus der ganzen Welt aufbewahrt und seine umfangreiche Sammlung, bestehend aus mehr als 2.500 Flaschen, dem Selterswassermuseum überlassen. Hier können die Besucher nicht nur einzigartige Flaschen bewundern, sondern auch die vielfältigen Formen und Designs aus verschiedenen Ländern, angefangen bei Japan bis hin zu südamerikanischen Mineralwasserflaschen.

www.selters-taunus.de/tourismus-freizeit/ausflugstipps-und-sehenswertes/mineralbrunnen-niederselters/

Blecherne Altstars

1. Deutsches Polizeioldtimer Museum
—> Cyriaxstraße 103, 35037 Marburg

Alles begann 1991 mit der liebevollen Restaurierung eines Opel Rekord P1 von 1959. Was als Passion für historische Polizeifahrzeuge startete, entwickelte sich rasch zu einer der größten Sammlungen dieser Art in Deutschland. Unter Schirmherrschaft des damaligen Hessischen Innenministers Dr. Herbert Günther wuchs die Sammlung des Polizei-Motorsport-Clubs Marburg 1990 e.V. kontinuierlich. Heute beherbergt das Museum mit über 100 Polizeiklassikern verschiedenster Bauarten die größte deutsche Sammlung historischer Polizeifahrzeuge – jedes Fahrzeug ein lebendiges Kapitel deutscher Automobilgeschichte.

Mit Betreten des Geländes beginnt für Besucher eine faszinierende Reise; von den charmanten Kuriositäten wie dem BMW Isetta 300 (mit 13 PS und maximal 85 km/h war man mit der Knutschkugel beim Thema Verfolgung vermutlich etwas limitiert) bis zu imposanten Wasserwerfern und gepanzerten Sonderwagen. Die Oldies waren nicht nur im realen Leben im Einsatz, auch auf der Leinwand in Produktionen wie dem »Taunuskrimi« oder internationalen Blockbustern wie »Spencer« haben sie sich bewiesen. Echte Filmstars also. Beim Schlendern durch die Ausstellung begegnen Besuchern jedoch nicht nur imposante Fahrzeuge, sondern auch ihre Geschichten. Jedes Exponat ist hierfür mit Schautafeln versehen, die seine Historie und Bedeutung erläutern. Einblicke in die pulsierende Historie der Strafverfolgung und die Herausforderungen der Polizeiarbeit der letzten Jahrzehnte werden dabei ebenfalls transportiert.

www.polizeioldtimer.de

62

eutsches Polizeioldtimer Museum
Marburg
POLIZEI
Gut.
Konzerte · Technik · Trucking
www.depro-konzerte.de
ISAR - 12

Mystische Fabelwesen

Deutsches Drachenmuseum Lindenfels

—> In der Stadt 2,
64678 Lindenfels

63

Welches Bild kommt Ihnen in den Kopf, wenn Sie an einen Drachen denken? Das siebenköpfige Untier der Apokalypse, der Glücksdrache Fuchur aus »Die unendliche Geschichte«, Frau Mahlzahn aus »Jim Knopf«, Fafnir samt Drachentöter Siegfried aus der Nibelungensage oder der chinesische »long«? Zugegeben, noch niemand hat einen echten Drachen gesehen, doch ihre Darstellungen begleiten Menschen von Anbeginn.

Im pittoresken Lindenfels verbirgt sich ein Ort, der sich diesem Mythos verschrieben hat: das Deutsche Drachenmuseum. Hier tauchen Besucher in die schillernde Welt eben jener mystischen Fabelwesen ein, die über Jahrhunderte hinweg die Menschheit angezogen haben. Ein Rundgang durch das im historischen »Baureneck« beheimatete Museum mit seinen über 500 Exponaten führt durch die kulturellen Nuancen des Drachenmythos. Von den frühen Schriften Mesopotamiens bis zu den chinesischen Glückssymbolen werden die unterschiedlichsten Drachenmythen auf faszinierende Weise präsentiert. Von den legendären Drachentötern der Antike über das Nibelungenlied aus dem 13. Jahrhundert und Drachen in europäischen Wappen bis hin zu Fantasy-Drachen und den bunten Kinderfiguren aus modernen Animationsfilmen – die Ausstellung enthüllt, wie sich der Drachen in Ost und West unterschiedlich entwickelte: In China ein Symbol für Stärke und Glück, im Westen oft gefürchtet. Keineswegs furchterregend ist der Außenbereich, hier verzaubert der »Drachengarten« mit kunstvollen Skulpturen und einem Drachen-Tempel, während der Bürgerturm einen majestätischen Ausblick über Lindenfels bietet.

www.deutsches-drachenmuseum.de

Ausgerechnet in Erbach im Odenwald hat das Elfenbeinschnitzen eine lange Tradition: Ende des 18. Jahrhunderts führte Graf Franz I. zu Erbach-Erbach »das weiße Gold« als Werkstoff bei den Bein- und Horndrehern seiner Residenzstadt ein. Er selbst drechselte auch leidenschaftlich gern Elfenbein und schuf in sei-

64 Weißes Gold

Deutsches Elfenbein Museum

—> Marktplatz 7, 64711 Erbach

ner eigenen Werkstatt eine Vielzahl verschiedener Objekte wie Dosen und Tafelgerät aus Elfenbein, Schildpatt oder Büffelhorn, die man bis heute bestaunen kann. Durch seine Vorreiterrolle als Künstler und durch die Gründung der Elfenbeindreherzunft 1783 sorgte Franz I. dafür, dass sich das Odenwaldörtchen zu einem der bedeutendsten europäischen Zentren der Elfenbeinschnitzerei entwickelte.

Übrigens sind die Elfenbeinwerkstätten in Erbach bis heute aktiv, jedoch haben sie nach dem Welthandelsverbot für Elefantenstoßzähne (1973) und Walrosselfenbein (1979) auf alternative Werkstoffe umgestellt.

Nachdem das 1966 gegründete Elfenbeinmuseum im Jahr 2015 kurz vor dem Aus stand, übernahm schließlich das Land Hessen die Sammlung und eröffnete die Institution nur ein Jahr später wieder in den einstigen Küchen- und Nebenräumen des Erbacher Schlosses. Hier werden die filigranen Exponate nun in einer neuartigen, sehr modernen Ausstellung präsentiert, die die zerbrechliche Ästhetik und Kunstfertigkeit noch dadurch unterstreicht, dass die Objekte im Dunkeln zu schweben scheinen. Auch auf die Museumswerkstatt hat man nicht verzichtet, sodass neben dem Kunstgenuss auch weiterhin der Einblick in das Kunsthandwerk besteht. Audioguides erschließen den Besuchern die einzelnen Räume und von März bis Dezember werden an jedem ersten Sonntag des Monats Führungen angeboten.

https://www.schloesser-hessen.de/de/schloss-erbach/elfenbeinmuseum

Die Welt des Leders

Deutsches Ledermuseum
—> Frankfurter Str. 86, 63067 Offenbach

65

Mit einer einzigartigen Sammlung von über 30.000 Objekten, die sich dem Material Leder sowie artverwandten Materialien widmen, bietet das Deutsche Ledermuseum eine faszinierende Zeitreise durch sechs Jahrtausende der Ledergestaltung und Kunst. Die Ursprünge dieses außergewöhnlichen Museums gehen auf den Architekten und Sammler Hugo Eberhardt zurück – 1912 erwarb er auf einer Reise in Südtirol drei Lederobjekte (eine barocke, im Lederschnitt gefertigte Truhe und zwei kleinere Lederobjekte), die den Grundstein für das 1917 gegründete Museum legten.

Ausgehend vom ältesten Exponat, einem ägyptischen Behältnis aus dem vierten Jahrtausend v. Chr., spannt sich der Bogen von mittelalterlichen Buchfutteralen und Minnekästchen, Rüstungen der Samurai und afrikanischen Schilden über Luxusobjekte wie Goldledertapeten adeliger und großbürgerlicher Haushalte des 17. und 18. Jahrhunderts bis hin zu Objekten aus veganen und lederähnlichen Ersatzmaterialien.

Höfische Schaustücke, funktionale Alltagsgegenstände, Bekleidung und Trachten, Werkzeuge und Objekte aus religiösen und zeremoniellen Kontexten sowie Gegenstände der Jagd und Kriegsführung ergänzen den Bestand. Eine umfangreiche Taschensammlung bildet die Entwicklung der Tasche vom ausgehenden Mittelalter bis heute ab. Bemerkenswert ist auch die Vielfalt an asiatischen Schattenspielfiguren aus Pergament und Rohhaut. Nicht minder beeindruckend: die umfangreiche Schuhsammlung mit über 10.000 Exemplaren. Hier findet sich u.a. das Schuhwerk von Prominenten wie Kaiserin Elisabeth von Österreich und Joschka Fischer.

www.ledermuseum.de

Quelle

Pixelnostalgie

66

Computermuseum Digital Retro Park
—> Frankfurter Str. 13–15, 63065 Offenbach

Space Invaders, Pac-Man, Tetris, Amiga, Atari, Gameboy, Super Nintendo – und, wird es Ihnen eventuell schon warm ums Herz? Ja, Retrospiele wecken Erinnerungen, sorgen für nostalgische Momente und machen mitunter sehr viel mehr Spaß als die neuen Games mit kunstvollen Grafiken und lauter Hyperrealismus. Computer aus den 1970er Jahren, Arcade-Automaten und mehrere Generationen Spielekonsolen – auf knapp 200 Quadratmetern vollzieht das Museum Digital Retro Park die Evolution der Datenträger und Unterhaltungselektronik nach.

Der gemeinnützige Verein nimmt Besucher mit auf eine spielerisch-aufregende Reise durch die digitale Kulturgeschichte. Das Motto dabei: Anfassen unbedingt erlaubt! Besucher jedes Alters können die historischen Geräte nicht nur ehrfürchtig bewundern, sondern sie auch benutzen, zeitgenössische Spiele spielen und alte Computerprogramme erkunden. Die Ausstellungsräume sind nach den sechs Programmiererinnen des ersten universell einsetzbaren Digitalcomputers »ENIAC« von 1946 benannt und zeigen die technische Entwicklung von Heimcomputern auf anschauliche Weise. Von den handlichen Kassetten, die einst als Datenträger dienten, bis hin zu Mini-Floppy-Disc, einem Vorläufer der Diskette, können die Gäste die rasante Entwicklung der Datenträger hautnah erleben.

Das Museum hat in der Walter-Passage an der Frankfurter Straße in der Offenbacher Innenstadt seinen Platz gefunden und bietet zusätzlich zu den Ausstellungsräumen auch Workshops, Vorträge und kulturelle Veranstaltungen an.

www.digitalretropark.net

Von Krisen und Blütezeiten

Haus der Stadtgeschichte Offenbach

—> Herrnstraße 61,
63065 Offenbach

Das Haus der Stadtgeschichte in Offenbach bietet seinen Besuchern eine Zeitreise von der Steinzeit bis zur Gegenwart, bei der die bewegte Geschichte der Stadt anhand eindrucksvoller Exponate lebendig wird. 2004 durch einen Zusammenschluss von Stadtmuseum und Stadtarchiv entstanden, erstreckt sich das Museum über zwei Etagen eines denkmalgeschützten Industriegebäudes, welches als einstiger Produktionsort der 1733 gegründeten Tabakfabrik der Familien Bernard und d'Orville für sich selbst schon von stadthistorischer Bedeutung ist.

Im Innern wartet eine modern gestaltete Ausstellung, die, in verschiedene Abschnitte unterteilt, wichtige Aspekte der Stadtgeschichte beleuchtet. Herausragend: die Senefeldersammlung, die die Geschichte der Lithografie präsentiert. Alois Senefelder, der Erfinder dieser bahnbrechenden Drucktechnik, richtete im Jahr 1800 in Offenbach die weltweit erste kommerziell tätige Steindruckerei für den Musikverleger und Notendrucker Johann Anton André ein. Das Museum zeigt nicht nur historische Lithosteine, sondern auch einen funktionsfähigen Nachbau der Lithografie-Presse von Alois Senefelder.

In den oberen Etagen des Museums können Besucher multimediale Einblicke in verschiedene Aspekte der Stadtgeschichte gewinnen. Hier finden sich Exponate zu Offenbacher Münzen, Fayencen sowie das große d'Orvillesche Puppenhaus von 1757, das das Leben in der Rokokozeit anschaulich darstellt. Eine Gemäldegalerie enthält Werke regionaler Künstler ab dem 18. Jahrhundert.

www.offenbach.de/microsite/haus_der_stadtgeschichte/index.php

67

68

Zentrum der Schriftkultur

Klingspor Museum
—> Herrnstraße 80,
63065 Offenbach

Wie großartig ist ein schönes Buch. Das Klingspor Museum in Offenbach ist eine Schatztruhe für Buch- und Schriftkunstenthusiasten. Gegründet im Jahr 1953, bietet es einen Einblick in die Welt der Typografie, Kalligrafie und Buchgestaltung von 1900 bis zur Gegenwart. Die außergewöhnliche Sammlung, basierend auf der Privatsammlung des Schriftgießers Dr. h. c. Karl Klingspor, der in der ersten Hälfte des 20. Jahrhunderts zusammen mit seinem Bruder Wilhelm in Offenbach eine berühmte Schriftgießerei betrieb, umfasst Schriftproben aus der Schriftgießerei Gebr. Klingspor, die einige der schönsten Schriften hervorbrachte. Hier wurden zum Beispiel Jugendstilschriften von Otto Eckmann und Peter Behrens hergestellt. Weitere von namhaften Künstlern entworfene Bleisatzschriften lieferte die Gießerei an Druckereien im In- und Ausland. Zusätzliche Schwerpunkte des Hauses sind Kalligrafie, Illustration, Bucheinband, Künstlerbuch, Kalender und Plakat.

Einblicke in die Geschichte des Museums sowie in die Welt der Buch- und Schriftkunst gibt die Dauerausstellung »Klingspor permanent«. Sie zeigt, wie Schriften hergestellt und wie sie in Büchern, Illustrationen und Plakaten zum Leben erweckt worden sind. Zu den bemerkenswerten Stücken der Sammlung gehören u. a. Hunderte Ledereinbände des Buchbinders Ignatz Wiemeler und Werke von Künstlern wie Frans Masereel und Hendrik Nikolaas Werkman.

In der Präsenzbibliothek können Besucher Objekte aus der Sammlung studieren und sich von den Kunstwerken inspirieren lassen.

www.offenbach.de/klingspor-museum

Meteorologische Phänomene 69

Wetterpark Offenbach
—> Am Wetterpark 15,
63071 Offenbach

Wohin man hört, alle Welt redet vom Wetter. Und wenn man nicht sicher ist, worüber man sich austauschen soll, spricht man das Wetter an. Aber wer von uns weiß eigentlich, wodurch Stürme, Schnee oder Hagel entstehen und wie man sie vorhersagen kann? Ein Besuch am Buchhügel in Offenbach liefert Antworten.

Auf 20.000 Quadratmetern Freifläche und in einem Besucherzentrum erleben Besucher des Wetterparks Wetterphänomene auf völlig neue Art und Weise. Mit vierzehn interaktiven Stationen im Freien – von der vollautomatischen Wetterstation des Deutschen Wetterdienstes bis zum 13 Meter hohen Turm mit Blick auf Offenbach und den Taunus – veranschaulicht der Wetterpark bekannte Wetterphänomene auf unterhaltsame Weise und macht das Zusammenspiel von Sonne, Luft und Wolken sinnlich erfahrbar. Sie können Experimente hautnah erleben, erstaunliche Fakten über das Wetter entdecken und die entsprechende Wissenschaft dahinter verstehen. Hier lernt man wie Gewitter, Regen und Schnee entstehen und was Wolken über das kommende Wetter verraten.

Zusätzlich zur Outdoor-Erfahrung vertieft die kindgerechte Ausstellung im mit Zinkblechen verkleideten Besucherzentrum das meteorologische Wissen. Für Freude bei Groß und Klein sorgen die vielen interaktiven Stationen – u.a.

kann man in einer Wassersäule einen Tornado entfachen oder einen Regenbogen zum Leuchten bringen –, anhand derer unterhaltsame Einblicke in die Phänomene am Himmel offenbart werden.

Der Besuch des Wetterparks und des Besucherzentrums ist kostenlos.

www.wetterpark-offenbach.de

Bunte Lichter blinken im Kasten unter der Glasscheibe, das Rappeln des eckigen Automaten wechselt mit dem Klackern der beiden seitlich angeordneten Hebel und mit Argusaugen wird die kleine silberne Stahlkugel verfolgt – immer mit dem Ziel, die Kugel auf dem Spielfeld zu halten, immer in der Hoffnung auf das nächste Freispiel und einen neuen Highscore. Flipperautomaten gehörten jahrzehntelang zur Standardausrüstung jeder Eckkneipe und Gaststätte. Die goldenen Zeiten der Geräte sind inzwischen vorüber. Ihre Anzie-

Retro-Spielspaß

70

Flipper- und Arcademuseum
—> Wilhelm-Leuschner-Str. 6,
63500 Seligenstadt

hungskraft haben sie dennoch keineswegs verloren.

Das »Flipper- und Arcademuseum« in Seligenstadt hat sich dieser fast verschwundenen Spielkultur leidenschaftlich verschrieben. Auf etwa 700 Quadratmetern Ausstellungsfläche können sich Besucher auf mehr als 250 spielbereite Flipper- und Arcadegeräte aus allen Epochen freuen – allein über 100 spielfähige Flipper aus den 1950er Jahren bis in die Gegenwart, anhand derer sich auch die Entwicklung der mechanischen Apparate nachvollziehen lässt.

Nicht minder kultig und anziehend sind die Arcade-Automaten. Jüngere Menschen können sich dies mitunter nicht vorstellen, aber Xbox, PlayStation, Switch & Co – ja, all diese Spielekonsolen hatten ihre Vorläufer. Die mannshohen Arcade-Automaten sorgen noch heute für puren Spielspaß, trotz einfachem Sound und fast antiquierter Grafik. Im an Höhepunkten nicht armen Flipper- und Arcademuseum gibt es jedoch noch ausgefallenere Raritäten. Hierzu zählt sicher das »Poly Play«, der einzige Videospielautomat, der jemals in der DDR entwickelt und produziert wurde. Seine Auflage ist überschaubar, mehr als 2.000 Geräte sind nicht gefertigt worden – und eines steht immerhin in Seligenstadt.

www.flipperundarcade.de

Wasser marsch!

71

Deutsches Feuerwehrmuseum Fulda

—> St. Laurentius-Straße 3, 36041 Fulda

Eingebettet in die reizvolle Umwelt zwischen dem Naturpark Vogelsberg und dem Biosphärenreservat Rhön eröffnet sich hier eine 1.600 Quadratmeter große Erlebnislandschaft, die Besucher jedes Alters aus der ganzen Welt anzieht. In den großzügigen Hallen des Museums sind historische Objekte ausgestellt, die einen spannenden Einblick in die Welt des Brandschutzes bieten. Besonders beeindruckend ist die Art und Weise, wie die Großgeräte präsentiert werden: Sie sind in abgesenkten Gruben aufgebaut, die von erhöhten »Bürgersteigen« umgeben sind. Dies ermöglicht nicht nur Erwachsenen, sondern auch Kindern und Rollstuhlfahrern eine einzigartige Perspektive auf das Innenleben dieser Geräte.

Von den Anfängen im Mittelalter bis zur Gegenwart wird die Entwicklung des Brandschutzes eindrucksvoll dargestellt. Die Exponate beeindrucken. Dazu gehören die älteste erhaltene fahrbare Handdruckspritze der Welt aus dem Jahr 1624, aufwendig verzierte Handdruckspritzen aus der Barockzeit und dem Klassizismus, die älteste bekannte pferdegezogene Drehleiter von 1808, eine funktionsfähige Dampfspritze von 1903 und die erste elektroautomobile Drehleiter der Welt aus dem Jahr 1903. Auch frühe Autospritzen aus den 1920er Jahren sind hier zu bewundern – technische Meilensteine. Doch das Museum beschränkt sich nicht nur darauf. Es legt großen Wert darauf, die

gesamte Bandbreite der Feuerwehrgeschichte ausgewogen darzustellen – ob große Berufswehren oder kleine dörfliche Wehren, hier wird ein breites Spektrum des Feuerwehrwesens geboten.

www.dfm-fulda.de

Vollkommen losgelöst von der Erde lautlos dahingleiten und alles aus der Vogelperspektive genießen, von Thermik zu Thermik fliegen und die wechselnden Lichtspiele von Sonne, Wolken und Erde bewundern – Segelfliegen fasziniert. Auch am Boden. Inmitten der malerischen Rhön befindet sich auf der Wasserkuppe das Deutsche Segelflugmuseum mit Modellflug. Das größte seiner Art weltweit. Hier, an der Geburtsstätte des Segelflugs,

Berg der Fliegerpioniere

Deutsches Segelflugmuseum mit Modellflug
—> Wasserkuppe 2,
36129 Gersfeld/Rhön

72

präsentiert sich auf 4.000 Quadratmetern die atemberaubende Entwicklung des Segel- und Modellflugs.

Die einzigartige Ausstellung beginnt mit den ersten Gleitern und endet bei modernen Hochleistungs-Segelflugzeugen, die den Himmel durchstreifen. Originale wie der legendäre Lilienthal-Gleiter, der berühmte Vampyr von 1922 und das flugfähige Wettbewerbsmodell BF52 zeugen von der Evolution des Fluges. Die Raketen-Ente (der erste bemannte Raketenflug der Menschheit!), die 1928 auf der Wasserkuppe abhob, erinnert an die kühnen Anfänge des Raketenflugs. Die »lebendige Werkstatt« gewährt Einblicke in die Kunst der Restauration, wo fliegende Denkmäler mit Hingabe wieder zum Leben erweckt werden und deren Geschichte wiedererzählt wird.

Doch das Museum zeigt nicht nur die Historie des Segelflugs. Das erste ferngesteuerte Flugmodell flog ebenfalls auf der Wasserkuppe und so wirft das Museum auch einen Blick auf den Modellflug – es beherbergt einzigartige Exemplare, darunter Raritäten wie das Modellflugzeug mit eingebauter Kamera des legendären Tierforschers Bernhard Grzimek.

www.segelflugmuseum.de

Stille Schatzkammer

Dommuseum Fulda
—> Domplatz, 36037 Fulda

73

In den stillen Hallen der Dommuseen schlummern verborgene Schätze, oft übersehen von flüchtigen Blicken. Während Kirchen meist für ihre Architektur und Geschichte bewundert werden, bleiben Dommuseen oft unbeachtet. Verpasste Gelegenheiten, denn in deren Ruhe verbirgt sich reiche Geschichte, die darauf wartet, von denjenigen entdeckt zu werden, die bereit sind, genauer hinzusehen.

Im Herzen Hessens steht mit dem Fuldaer Dom St. Salvator eine kulturelle Perle. Seit 1752 erhebt sich dieser sakrale Ort als Bischofskirche, einst die Kloster- und Stiftskirche des 744 im Auftrag des Heiligen Bonifatius gegründeten Klosters Fulda. Die Westkrypta enthält seine sterblichen Überreste, ein heiliger Ort für Pilger und Kunstliebhaber.

Direkt neben dem Dom eröffnet das Dommuseum Fulda eine reiche Welt der Reliquien und liturgischen Artefakte. Religiöse Kunst und materielle Zeugnisse aus der über 1.250-jährigen Geschichte der ursprünglichen Abteikirche und heutigen Kathedrale des Bistums bilden den Bestand. Hier glänzen barocke Paramente von beeindruckender Schönheit, Goldschmiedekunst und kunstvolle Marienfiguren. Meisterwerke wie Lucas Cranachs »Die Ehebrecherin« und Johann Heinrich Tischbeins Gemälde zieren die Wände. Die Dauerausstellung widmet sich vor allem der Figur des Heiligen Bonifatius. Ein besonders kostbarer silberner Festaltar wird in der barocken »Silbernen Kapelle« des

Dommuseums aufbewahrt, er enthält u.a. die Hauptreliquien des Hl. Bonifatius und des St. Sturmius.

www.dommuseum.bistum-fulda.de

Inmitten des idyllischen Biosphärenreservats Rhön gelegen erstreckte sich über vier Jahrzehnte eine Spannung, die die Welt in Atem hielt. Die Gedenkstätte Point Alpha – zwischen Geisa in Thüringen und Rasdorf in Hessen – ist ein authentischer Schauplatz des Kalten Krieges. Hier standen sich die Vorposten von NATO und Warschauer Pakt bis zum

Heißester Punkt im Kalten Krieg

74

Gedenkstätte Point Alpha

—> Haus auf der Grenze
Platz der Deutschen Einheit 1,
36419 Geisa

Jahr 1990 Auge in Auge gegenüber. Der auf einem 411 Meter hohen Berg positionierte ehemalige »Observation Post Alpha« (Point Alpha) war einer der wichtigsten Beobachtungsstützpunkte der US-Streitkräfte in Europa und einer der heißesten Punkte im Kalten Krieg. Wenige Meter außerhalb des US-Camps endete das Territorium der Bundesrepublik Deutschland. Hier ragten Geisa als westlichste Stadt der ehemaligen DDR und der sogenannte »Thüringer Balkon« tief in das Gebiet der Bundesrepublik hinein. Das »Fulda Gap« galt als das strategische Einfallstor der Truppen des Warschauer Pakts in das Bündnisgebiet der NATO.

Point Alpha präsentiert dieses Stück deutsch-deutscher Geschichte: die Konfrontation der beiden Machtblöcke, den Aufbau der Grenzanlagen mit ihren Sicherungselementen, aber auch militärische Abläufe sowie das Leben an und mit der Grenze aus der Sicht der Bevölkerung.

Besucher der Gedenkstätte können den Gesamtkomplex mit allen musealen Bereichen besichtigen – US-Camp, Haus auf der Grenze, Grenzrekonstruktionen, Weg der Hoffnung und Wiesenfelder Turm. Dabei ist es einem selbst überlassen, das Areal allein zu erkunden oder vorab eine Führung zu buchen.

www.pointalpha.com

Lebendige Industrie-Kultur

75

Opelvillen Rüsselsheim
—> Ludwig-Dörfler-Allee 9,
65428 Rüsselsheim

Ein lebendiger Ort der Kultur, an dem vielfältige Begegnungen möglich sind, dazu hat sich die Villenanlage am Main seit 1998 entwickelt. Hier, wo einst Fritz Opel, der Sohn des Gründers der Opelwerke Adam Opel, bis zu seinem Tod 1938 seinen Wohnsitz hatte und die in den Folgejahren ganz unterschiedlich genutzt wurde. So war hier ein Krankenhaus ebenso untergebracht wie das Amtsgericht. Seit dem Jahr 2003 allerdings entstand ein kulturelles Zentrum, in dem die Entwicklung der internationalen Kunst von der Moderne bis zur Gegenwart beleuchtet wird und das sich schnell zu einem wichtigen Ort der Bildung und Begegnung entwickelt hat. Neben Ausstellungen veranstaltet die Stiftung Opelvillen Lesungen, Konzerte, Vorträge und Führungen in den historischen Gebäuden.

Neben »herkömmlichen« thematischen Führungen für Erwachsene und Kinder bieten die Opelvillen übrigens auch die exklusiven »Abendführungen mit Cocktail« außerhalb der regulären Öffnungszeiten ab mindestens vier Personen an.
Bei der »Architekturführung« steht nicht so sehr die jeweilige Ausstellung, sondern das Haus selbst im Fokus, das der einstige Hausherr und Namenspatron Fritz Opel »mein Schloss am Main« nannte. Erwähnenswert ist auch die »Demenzführung«, die das Haus bereits seit dem Jahr 2013 anbietet und bei der die Sinne durch Kunsterfah-

rungen, Interaktionen und Musik angeregt und Erinnerungen geweckt werden sollen. Sie richtet sich gleichermaßen an Pflegeeinrichtungen wie Menschen in privater Pflege.

www.opelvillen.de

Das Stadt- und Industriemuseum bietet so viele Aspekte, dass man fast gar nicht weiß, wo man anfangen soll mit dem Empfehlen. Und eigentlich ist ja auch schon der Weg zum Museum ein »Must-see«, denn die Einrichtung befindet sich in einer frühneuzeitlichen hessischen Landesfestung mit Wallanlage, Rondellen, äußerem und innerem Graben und, und, und. Sie dient heute als Naherholungsziel und ihre meterdicken Mau-

Gedächtnis der Stadt

Stadt- und Industriemuseum Rüsselsheim

—> Hauptmann-Schuermann-Weg 4,
65428 Rüsselsheim

76

ern kann man tagsüber oder abends bei einer Fackelführung zum Sprechen bringen. Dann erfährt man allerhand Geschichte und Geschichten aus dem Leben der Landsknechte, die hier einst hausten.

Doch zurück zum Museum: Hier verbinden sich Technik- und Industriegeschichte, Sozial- und Alltagsgeschichte und veranschaulichen, wie Rüsselsheim zu dem wurde, was es ist. Dabei führt die Ausstellung die Besucher von der letzten Eiszeit bis in die Gegenwart und nimmt die unterschiedlichsten Aspekte ins Visier. Zudem erfährt man, wie aus der Handwerkerfamilie Opel eine Fabrikantendynastie entstand und welche – auch gesellschaftlichen – Auswirkungen die 1924 eingeführte Fließbandarbeit hatte. Diese hatten die innovationsfreudigen Söhne von Adam Opel übrigens zunächst in ihrer Fahrradfabrikation ausprobiert. Denn wussten Sie, dass in Rüsselsheim in der Zwischenkriegszeit die größte Fahrradfabrik der Welt zu Hause war, noch bevor hier das größte Automobilwerk Europas entstand?! Mit seinen vielen interaktiven Hands-on-Stationen ist das Museum ein lohnendes Ausflugsziel für die ganze Familie.

www.museum-ruesselsheim.de

Zentrum für Automobilisten

Central Garage Automuseum
—> Niederstedter Weg 5,
61348 Bad Homburg

17

Es war einmal ein Autohaus. So weit, so unspektakulär, denn davon gibt es in Bad Homburg nicht wenige. Doch die Central Garage ist besonders. Denn längst ist sie kein gemeines Autohaus mehr, sondern ein sehr spezielles Museum. Selbst versteht sie sich als »Zentrum für Automobilisten«. Es geht also um Lack und Chrom, um faszinierende Technik und die Begeisterung für wunderschöne, alte – oder auch jüngere – Vier- und Zweiräder.

Das Museum hat eine Ausstellungsfläche von gut 700 Quadratmetern auf zwei Ebenen und widmet sich in seinen meist 12 Monate dauernden Schauen Spezialthemen aus der motorisierten Welt. Das müssen nicht immer Autos sein – anlässlich des 120-jährigen Jubiläums von Harley Davidson im Jahr 2023 etwa wurden hier nicht nur 60 Maschinen gezeigt, sondern auch allerhand Exponate aus der langen Historie –, was die Bad Homburger Harley Davidson-Schau zur größten in ganz Europa machte. Doch es gab auch schon Ausstellungen

zu Themen wie »Autos im Film«, »Vespen, Tiger, Spatz und Co«, »Männer, Mythen und Motoren« oder »Frauen geben Gas«. Ein absolutes Highlight der Central Garage ist auch die restaurierte Gasoline-Tankstelle, für die man extra Führungen buchen kann.

Übrigens: Eintritt nimmt die Central Garage nicht, aber die Besucher werden um eine Spende für einen sozialen oder kulturellen Zweck gebeten.

www.central-garage.de

78

Lebendige Zeit-Konserve

Freilichtmuseum Hessenpark
—> Laubweg 5,
61267 Neu-Anspach

Der Hessenpark wurde 1974 gegründet und versteht sich als »Museum für Alltagskultur«.

Er ist gut 65 Hektar groß und in fünf sogenannte »Baugruppen« (Mittelhessen, Osthessen, Nordhessen, Rhein-Main, Südhessen) und zwei Sonderbaugruppen (Marktplatz und Werkstätten) unterteilt. Hier sind über 100 Gebäude in unterschiedlichen Hof- und Hausformen zu sehen, die authentische Einblicke in die jeweiligen Regionen und das soziale und wirtschaftliche Leben geben. Es gibt verschiedene Dauerausstellungen, die immer wieder erweitert werden. So kann man »Bei Hecks zuhause« Einblicke in das Leben einer Schreinerfamilie von 1840 gewinnen – aber nicht, wie sonst üblich, per Texttafeln, sondern per Videos, in denen Schauspieler zu den Besuchern sprechen.

Für den jüngst eröffneten Bereich »Auf der Suche nach Asyl« hat das Freilichtmuseum Teile der ehemaligen Containerunterkunft für Geflüchtete aus Oberursel übernommen – ein wichtiger Bereich hessischer Heimatgeschichte, den man vielleicht nicht unbedingt erwarten würde ... Und weil der Hessenpark auch ein zertifizierter Arche-Park ist und sich für den Erhalt bedrohter Haustierarten einsetzt, sind all die Hähne, Hühner, Esel, Kühe, Schweine und Katzen sowie die historischen Obst- und Pflanzensorten nicht nur pittoreske Staffage, sondern – wenn man so will – selbst Exponate. Jahreszeitliche Veranstaltungen runden das breit gefächerte Angebot dieses niemals langweiligen Erlebnisparks ab.

www.hessenpark.de

Überraschend vielfältig

79

Hochheimer Kunstsammlung

—> Mainzer Straße 35, 65239 Hochheim

Obwohl Hochheim am Main liegt, gehört das zwischen Frankfurt, Wiesbaden und Mainz gelegene pittoreske Wein- und Sektstädtchen schon zum Rheingau. Auch wird hier bereits seit 1.200 Jahren Weinbau betrieben und sogar Queen Victoria höchstpersönlich war hier im Jahr 1845 zu Gast! Ihr zu Ehren wurde eine der elf Hochheimer Weinbergslagen »Königin-Victoria-Berg« benannt und ein Denkmal aufgestellt. Aber nicht nur die hiesigen Traubenerzeugnisse sind ausgezeichnet, auch die Hochheimer Kunstsammlung braucht keine Vergleiche zu scheuen.

Auf 130 Quadratmetern zeigt das in der Burgeff-Villa gelegene Museum die einst private Sammlung des verstorbenen Ehepaars Liane und Hermann Rosteck. Sie umfasst Gemälde, Skulpturen und Grafiken moderner und zeitgenössischer Kunst. Mit vielen der Künstler war das Paar freundschaftlich verbunden und sammelte deren Werke aus Leidenschaft für die Kunst. Zu vielen Arbeiten existieren Anekdoten. Die Sammlung umfasst hochrangige Künstler des 20. Jahrhunderts, darunter Pablo Picasso, Joan Miró, Antoni Tàpies, Salvador Dalí, Max Ernst, Joseph Beuys oder Wolf Vostell. Ergänzt wird der ursprüngliche Kern der heute städtischen Sammlung durch weitere private Schenkungen. Die Werke werden in fünf thematisch gestalteten Räumen präsentiert und in regelmäßigen Kurzführungen unter immer neuen Fragestellungen beleuchtet. So werden inspirie-

rende Bezüge ermöglicht, die den Besuchern immer wieder überraschende und spannende Sichtweisen eröffnen.

www.hochheimerkunstsammlung.de

Am Nordrand des Taunus, oberhalb des Weilburger Ortsteils Kubach, liegt ca. 50 bis 70 Meter unter der Erdoberfläche eine geheimnisvolle Naturschönheit, die einige Superlative bereithält: die Kubacher Kristallhöhle. Sie ist mit 30 Metern Höhe die höchste Schauhöhle und die einzige Calcitkristallhöhle in Deutsch-

Zauberhafter Abstieg

80

Kristallhöhle Kubach
—> Auf dem Kalk 1,
35781 Weilburg-Kubach

land. Umgeben von 350 Millionen Jahre altem Kalkstein, geschmückt mit unzähligen Kristallen und Perltropfsteinen, bietet sie den Besuchern einen spektakulären Einblick in erdgeschichtliche Vorgänge.

Wer an den 45-minütigen Führungen teilnimmt und dabei die insgesamt 456 Stufen bewältigt, betritt eine Welt, in der die Zeit stillzustehen scheint. Mit jedem Schritt durch das Höhlensystem versinken Besucher tiefer in das Dunkel der Erde, begleitet vom sanften Glitzer der Calcitkristalle, die sich über Millionen von Jahren gebildet haben. Der Boden unter den Füßen ist ein Teppich aus Perltropfsteinen, jedes Stück ein stummer Zeuge vergangener Äonen. Ein besonderes Phänomen ist der Sommersee, der sich im Inneren formt und die Höhlenwelt in einem schimmernden Spiegel reflektiert.

Entdeckt wurde diese unterirdische Perle erst in den 1970er Jahren und das durch einen glücklichen Zufall. Ursprünglich auf der Suche nach einer anderen Höhle, stolperten Höhlenfreunde über dieses verborgene Juwel. Das Erlebnis Kubacher Kristallhöhle endet nicht unter der Erde. Ein Museum vor Ort präsentiert eine Mineraliensammlung und im angeschlossenen Freilichtmuseum bis zu 12 Tonnen schwere Exponate aus verschiedenen Epochen der Erdgeschichte.

www.kubacherkristallhoehle.de

81

Kulturelles Kleinod

Kronberger Malerkolonie

—> Heinrich-Winter-Straße 4A (Villa Winter), 61476 Kronberg

Die Kronberger Malerkolonie ist eine von europaweit über 40 Künstlerkolonien, die im frühen 19. Jahrhundert als Gegenbewegung zur Industrialisierung entstanden sind. Ihre Gründung geht auf das Jahr 1858 zurück und damit auf die Maler Anton Burger und Jakob Fürchtegott Dielmann. Diese begangen – aus Protest gegen die traditionelle Akademie-Malerei – draußen in der freien Natur, »plein air«, zu malen und sich ursprünglichen Lebensformen anzunähern. Zudem diskutierten sie die Probleme der Zeit und versuchten so, den vermeintlichen Gegensatz zwischen Kunst und Leben zu überwinden.

Über 100 Künstlerinnen und Künstler arbeiteten zeitweise im pittoresken Kronberg und wurden teils von Anton Burger ausgebildet – darunter auch Wilhelm Trübner, Hans Thoma, Carl Morgenstern, Philipp Rumpf oder Otto Scholderer. Fritz Wucherer und Emil Rumpf gelten als die letzten offiziellen Vertreter der Kronberger Malerkolonie, die sich mit dem Einzug des Impressionismus in die Malerei sukzessive aufgelöst hatte.

Heute beherbergt die ehemalige Künstlervilla des Kronberger Kolonisten Heinrich Winter, di-

rekt am Berliner Platz gelegen, die Sammlung der Stiftung Kronberger Malerkolonie. Auf über 350 Quadratmetern werden hier nicht nur die umfangreiche Gemäldesammlung präsentiert, sondern es gibt auch einen Werkraum für die museumspädagogischen Angebote des Hauses und die Kurse der Kunstschule Kronberg. Diese knüpft ihrerseits an das Kulturerbe an und fördert die künstlerische Entfaltung der Kursteilnehmer aller Altersklassen. Übrigens: Die Dozenten sind selbst freischaffende Künstler aus dem Rhein-Main-Gebiet.

www.kronberger-malerkolonie.com

Facettenreiche neue Perspektiven

Museum Sinclair Haus —> Löwengasse 15, 61348 Bad Homburg

82

Mit seinen Wechselausstellungen untersucht das Museum Sinclair-Haus, das in unmittelbarer Nähe des Bad Homburger Schlosses liegt, das vielschichtige Verhältnis des Menschen zur Natur. Die Schauen sind interdisziplinär konzipiert und experimentieren mit den verschiedenen Möglichkeiten, die Natur in den unterschiedlichsten Darstellungsformen wahrzunehmen, zu begreifen und zu reflektieren. Dadurch entstehen neue Denk- und Handlungsräume, aus denen sich wiederum neue Perspektiven auf das Zusammenwirken von Natur, Wissenschaften und Kultur ergeben.

Seit 2017 ist das Museum Teil der Stiftung Nantesbuch, seit 2021 handelt die Stiftung unter dem Namen Stiftung Kunst und Natur. Zu der jeweiligen Ausstellung entwickeln Künstler und Kunstvermittler stets ein vielfältiges analoges und digitales Vermittlungsprogramm, sodass die Ausstellungsthemen möglichst facettenreich bearbeitet und erfahren werden können.

Ziel ist es immer, die Besucher für Natur und Kunst zu begeistern, Neugierde zu wecken und sich selbst auszuprobieren. Um dies noch zu verstärken, werden stetig wieder auch Gäste aus den Wissenschaften und den Künsten eingeladen, die die Ausstellungen durch vielfältige thematische Aspekte und Ausdrucksformen erweitern.

Das Museum ist übrigens nach dem Diplomaten und Schriftsteller Isaac von Sinclair benannt, einem engen Freund Friedrich Hölderlins.

www.kunst-und-natur.de

Das Römerkastell Saalburg ist das einzige nahezu vollständig wieder errichtete Kastell am Limes. Es wurde auf Initiative von Kaiser Wilhelm II. um 1900 wieder aufgebaut und nun befindet sich hier ein Museum zur Geschichte des Grenzwalls und der Römer, bei dem nicht nur geschaut, sondern auch ganz viel mitgemacht werden darf. Dadurch

Von wegen: Die spinnen, die Römer!

Römerkastell Saalburg
—> Am Römerkastell 1,
61350 Bad Homburg

83

und dank der teils originalen Funde im Museum wird man direkt 2.000 Jahre zurückversetzt.

Zunächst wurde die Anlage als einfaches römisches Holz-Erde-Kastell errichtet, um das Jahr 135 ein rund 3,2 Hektar großes Lager für eine Infanterie-Einheit von knapp 500 Mann. Deren Aufgabe war es, den römischen und heute von der UNESCO als Welterbe anerkannten Grenzwall Limes zu bewachen und gegen feindliche Angreifer zu verteidigen. Vor dem Kastell selbst lagen damals ein Badegebäude, ein Gästehaus sowie ein kleines Dorf, in dem Handwerker, Händler und Gastronomen arbeiteten. In der Saalburg zu sehen sind die komplette Umwehrung, Gebäude aus Stein und Holz und rekonstruierte Backöfen. Inszenierte Räume, Modelle und archäologische Funde machen die Wohn- und Arbeitswelt der Soldaten und der Bevölkerung im Dorf vor den Toren anschaulich. Zahlreiche Aktionen für Kinder und Erwachsene sowie ein umfangreiches Programm, unter anderem mit speziellen Thementagen und Erlebnis-Events, lassen dabei die Zeit der Römer am Limes wieder lebendig werden.

www.saalburgmuseum.de

Griffel in die Hand!

Schulmuseum
—> Staufenstraße 14–20, 65830 Kriftel

84

Jeder muss sie mal drücken, hat sie mal gedrückt oder drückt sie noch immer: die Schulbank. Doch wie ging es im Klassenzimmer vor über 100 Jahren zu? Einen Einblick in das Schulwesen längst vergangener Tage gewährt das Schulmuseum Main-Taunus-Kreis im modernen Trakt der Weingartenschule Kriftel. Auf 250 Quadratmetern erleben kleine und große Besucher anschaulich die Entwicklung des Schulwesens im Bereich des heutigen Main-Taunus-Kreises.

Was war Schule früher? Wie ist es bei den Ururgroßeltern vor über 100 Jahren im Klassenzimmer zugegangen? Und welche Geräte hat man damals im Unterricht benutzt?

Im Schulmuseum gibt es neben einer umfangreichen Sammlung zur historischen Entwicklung des Schulwesens einen originaleingerichteten Klassenraum aus der Zeit um 1900 mit allem, was dazugehört. Von der typischen Schulbank über die Tafel bis hin zum Rohrstock. Im Ambiente früherer Zeiten lässt sich das Schreiben alter Schriften mit Tinte oder auf der Schiefertafel erlernen oder eine historische Unterrichtsstunde spielerisch erleben. Es fehlt nur noch, dass die Gestalt des Lehrers Lämpel aus Wilhelms Buschs Bubengeschichte »Max und Moritz« in das Klassenzimmer tritt. »Also lautet ein Beschluss – dass der Mensch was lernen muss …« Aber so spaßig-unterhaltsam dies alles ist, geht es dem Schulmuseum im Main-Taunus-Kreis nicht um reine Nostalgie, sondern es ver-

steht sich vielmehr als »außerschulischen Lernort, der geschichtliche und gesellschaftliche Entwicklungen informativ und sinnlich erfahrbar macht«.

www.schulmuseumkriftel.de

In Mitteleuropa hat sich eine unvergleichliche Mineralwasserkultur entwickelt. Bereits zu Römerzeiten waren einige Brunnen für ihre wohltuende Wirkung bekannt. Mit dem Aufkommen der Bäderkultur ab dem 17. Jahrhundert erfolgte ein weiterer Schub und es entstanden erste Marken.

Alles Wasser, oder was?

Brunnen- und Bädermuseum Bad Vilbel

—> Marktplatz 3,
61118 Bad Vilbel

85

Heute kommt allein der Verband der Deutschen Mineralbrunnen (VDM) auf über 200 Mitglieder. Mineralwasser erlebte vor allem seit den 1970er Jahren einen Aufstieg. Mit dem Aufkommen von Wassersprudlern geriet die Gewinnung von Mineralwasser dann ins Stocken. Auf all diese Details und noch viel mehr geht das kleine, aber feine Brunnen- und Bädermuseum in der Bad Vilbeler Altstadt ein und nimmt die Besucher mit auf eine spritzige Reise durch einen besonderen Teil der hiesigen Vergangenheit.

In den einzelnen Abteilungen werden die Themenbereiche Geologie, Technologie und Logistik sowie der Bade- und Kurbetrieb mithilfe von Texten, Filmen, Grafiken und interessanten Exponaten behandelt. Hier sieht man die Vielfalt der Bad Vilbeler Mineralbrunnenbetriebe und wie sich etwa die Verpackung des kühlen Nass vom Tonkrug zur Glas- und Plastikflasche im Laufe ihrer 450-jährigen Geschichte verändert hat. Die Nachbildung eines Baderaumes mit Holzwanne um 1905 ist ebenfalls eindrucksvoll und gibt einen Einblick in den Bereich Heilwasser- und Kurbetrieb.

Wichtig: Das Museum ist nur sonntags von 12 bis 18 Uhr geöffnet!

https://www.bad-vilbel.de/de/kultur/museen/brunnen--und-baedermuseum

Ins Mittelalter abtauchen

Burg Ronneburg
—> Auf der Burg 1,
63549 Ronneburg

Bereits aus der Ferne kündigt sie sich durch den 30 Meter hohen Bergfried an: die Burg Ronneburg. Zwischen Wetterau und Vogelsberg auf einem Basaltsporn gelegen, können Besucher der Burganlage wahrhaft ins Mittelalter abtauchen. Die im 13. Jahrhundert erstmals erwähnte Ronneburg diente ursprünglich dem Schutz der Handelsstraßen in der Mainebene und der Wetterau, 1476 ging sie in den Besitz des Fürstenhauses Ysenburg und Büdingen über und wurde im 16. Jahrhundert in den bis dato zu bestaunenden Zustand aus- und umgebaut.

Heute gilt die Burg Ronneburg als eines der am besten erhaltenen Beispiele einer Höhenburg des 16. Jahrhunderts. Haupt- und Vorburg, mächtige Mauern, überdachte Wehrgänge, der begehbare Bergfried mit seinem Turmhelm aus der Renaissance – allein von außen vermittelt die Anlage einen nachhaltigen Eindruck in die einstige Lebenswelt. Die Burg selbst beherbergt ein offenes Museum, in dem Gäste sämtliche Innenräume und Wohngegenstände selbst erkunden können. Führungen werden auch angeboten. Zu den Attraktionen zählen die kunstvoll ausgemalten Säle, die Burgküche, die Waffenkammer, verschiedene Herrenzimmer und die Folterkammer. Eine Rarität ist das Brunnenhaus mit seinem Tretrad, was half, Trinkwasser aus dem 96 Meter tiefen Brunnen zu fördern. Nach oben geht der Blick in der Falknerei. Überhaupt Vorführungen – auf der Burg finden zahlreiche Veranstaltungen statt: Burgfestspiele, Ritterturniere, historische Märkte und einige mehr machen das Mittelalter wieder lebendig.

www.burg-ronneburg.de

86

Bad Nauheim. Wer an die lebenswerte Kurstadt denkt, dem kommen wahrscheinlich spontan die Wetterau, Elvis Presley, Parkanlagen, sprudelnde Brunnen und die Gradierbauten in den Sinn. Fest verwoben ist Bad Nauheim jedoch auch

Blütezeit der Bäderreisen

87

Jugendstilforum Bad Nauheim

—> Nördlicher Park 3, 61231 Bad Nauheim

mit faszinierender Jugendstil-architektur.

Der Jugendstil entwickelte sich als Reaktion auf die rasant fortschreitende Industrialisierung am Ende des 19. Jahrhunderts und strebte nach einer harmonischen Verbindung von Schönheit und Funktionalität. Bevorzugte Motive kamen aus der Tier- und Pflanzenwelt. Dynamische, fließende Bewegungen, gebogene Endungen und Plastizität waren gemeinsame Elemente. Das Jugendstilforum in Bad Nauheim beherbergt die beeindruckende Sammlung des Kölners Manfred Geisler mit über 2.500 Objekten. Exquisite Exponate aus Keramik, Glas, Metall und Grafik repräsentieren die Stilepochen Jugendstil, Art déco und Bauhaus. Das Herz des Jugendstilforums ist der Sprudelhof, das größte geschlossene Jugendstilensemble Europas. Hier, im Badehaus 3, können Besucher eintauchen in die Welt von damals. Die Ausstellungsräume des Jugendstilforums gewähren einen faszinierenden Einblick in die Kunst und das Leben der Belle Époque. Dieses Juwel mit seinen historischen Badezellen, Mosaiken in der Wartehalle und restauriertem historischen Schmuckhof von Jugendstilkünstler Max Laeuger erzählt von der Blütezeit der Bäderreisen um 1900. In Wechselausstellungen und themenbezogenen Veranstaltungen bietet das Jugendstilforum einen Einblick in die damalige Zeit.

www.jugendstilforum.de

Mythos Kelten

Keltenwelt am Glauberg
—> Am Glauberg 1, 63695 Glauburg

Riesige Handelsnetze, monumentale Bauwerke, geheimnisvolle Grabhügel – die Kelten haben über 500 Jahre lang in ganz Europa ihre Spuren hinterlassen. Sie zählen zu den spannendsten Bewohnern des Kontinents und dennoch bleiben sie bis heute rätselhaft. Als blutrünstige Barbaren schildern sie römische Gelehrte. Archäologen finden jedoch Spuren einer komplexen und kultivierten Gesellschaft, deren Vorläufer im 8. Jahrhundert vor Christus u.a. dank des Salzabbaus im Alpenraum nicht nur eine reiche Kultur entwickelten, sondern auch den Übergang von der Bronze- in die Eisenzeit in Mitteleuropa vollziehen. Eigene schriftliche Überlieferungen der Kelten ab ca. 500 v. Chr. gibt es hingegen so gut wie keine.

Doch ein besonderer Ort am Rand der Wetterau enthüllt einige Geheimnisse dieser alten Zivilisation. Der Glauberg war einst der Sitz eines keltischen Herrschers um 400 v. Chr. Hier haben Archäologen ab 1994 zwei beeindruckende Grabhügel ausgegraben, die Beigaben aus drei prunkvoll ausgestatteten Kriegergräbern enthielten. Die in einem Graben neben einem der Hügel gefundene einzigartige Statue mit Mickey Maus-Ohren gilt zu Recht als eine Sensation.

Die Fundstätte zählt heute zu den bedeutendsten der europäischen Eisenzeit. Die Grabinventare sind das Highlight des Museums, das darüber hinaus nicht minder bedeutende Siedlungsfunde vom Glauberg und seiner Umgebung präsentiert. Teil des großen Archäologischen Parks ist der rekonstruierte Fürstengrabhügel und die »Prozessionsstraße«. Auf einem kulturhistorischen Lehrpfad werden Details der Besiedlungsgeschichte sowie naturkundliche Besonderheiten erläutert.

www.keltenwelt-glauberg.de

88

Wo sonst als in Steinfurth, dem ältesten Rosendorf Deutschlands, wäre ein Museum für die Königin der Blumen am richtigen Platz? Seit mehr als 150 Jahren ist man hier von der Schönheit und dem Duft der Rose fasziniert. In der ständigen Ausstellung gewährt das Spezialmuseum – das einzige in Europa! – den Besuchern einen Überblick über die Kunst- und Kulturgeschichte der stacheligen Schönheit. Der erste botanische Rosengarten der Kaise-

Im Namen der Rose

Rosenmuseum Steinfurth e. V.
—> Alte Schulstraße 1, 61231 Bad Nauheim

89

rin Joséphine, Gattin Napoleons, bezaubert ebenso wie die Rose als Sinnbild der Liebe, Muse der Schönen Künste, Heil- und Duftpflanze und stacheliges »Ackergold«. Botanische Zeichnungen, zum Beispiel von Sibylla Merian, gewähren Einblicke in die Wissenschaft der Rosenbotanik.

Highlights der Ausstellung sind die Erstausgabe des Werks »Les Roses« von Pierre-Joseph Redouté, Hofmaler der Rosenkaiserin Joséphine, und zwei Rosengemälde von Ottilie Roederstein. Die Vielfalt der Symbolik, die der Rose innewohnt, überrascht so manche Besucher, die beim Rundgang ihr eigenes Lieblingsstück entdecken werden.

Dringend empfohlen sei ein Besuch im Café des Rosenmuseums. Den Verlockungen der Rosentorte, die exklusiv für das Museum gebacken wird, können nur wenige Besucher widerstehen. Rosen-Souvenirs, ein kleines, feines Sortiment, findet man im Museumsshop: Rosenöl und Rosenwasser, Feinkost aus Steinfurther Rosenblüten, handgemachte Seifen, Accessoires und Papeterie mit Rosenmotiven sowie Rosenliteratur, die in keinem Bücherschrank fehlen sollte.

www.rosenmuseum.com

90 Zukunft braucht Erinnerung

Aktives Museum Spiegelgasse für Deutsch-Jüdische Geschichte in Wiesbaden e. V.

→ Spiegelgasse 9, 65183 Wiesbaden

In diesem Museum, das verrät bereits der Name, geht es nicht darum, Kunstwerke in Vitrinen auszustellen, sondern vielmehr darum, sich selbst einzubringen und aktiv zu werden, sich einzumischen und an Debatten teilzuhaben. Es ist ein Museum, das die Lebenswirklichkeiten und -geschichten der rund 1.500 Wiesbadener Juden, die während der NS-Zeit verfolgt und ermordet wurden, lebendig halten möchte und ebenso sorgsam wie sorgfältig rekonstruiert. Wer waren diese Menschen? Wie haben sie gelebt, was passierte mit ihnen? Wie sah das jüdische Leben vor der Shoah aus? Wie sieht es danach aus? Schon der Standort in der Spiegelgasse konfrontiert die Besucher mit einer langen jüdischen Tradition.

Zu den wesentlichen Aktivitäten des AMS, so die gängige Abkürzung, gehören wechselnde Ausstellungen in der Spiegelgasse 11 (Nähe Kochbrunnen), die langjährigen Projekte »Erinnerungsblätter« und »Stolpersteine« sowie der Aufbau und die Pflege einer umfangreichen, öffentlich zugänglichen Fachbibliothek mit zurzeit etwa 5.500 Bänden. Hinzu kommen Führungen, Lesungen, Theateraufführungen, Diskussionsveranstaltungen und dergleichen mehr – alle mit dem Ziel, die Menschen für die deutsch-jüdische Geschichte in Wiesbaden zu interessieren und die Schicksale

der ermordeten Menschen lebendig zu halten. Ganz reduziert könnte man es so ausdrücken: Dem AMS geht es um Begegnungen mit der Vergangenheit, damit daraus auch die Zukunft entstehen kann – denn »Zukunft braucht Erinnerung«, so die Überzeugung der Macher.

www.am-spiegelgasse.de

Das frauen museum wiesbaden hat es sich seit seiner Gründung im Jahr 1984 zur Aufgabe gemacht, einen besonderen Blick auf Geschichte und Kultur von Frauen zu richten.

In wechselnden Ausstellungen, Forschungsprojekten, Veranstaltungsreihen, Tagungen

Frauen Kultur Geschichte

91

frauen museum wiesbaden

—> Wörthstraße 5,
65185 Wiesbaden

und Workshops macht das Haus die Leistungen von Frauen in Kunst, Geschichte, Gesellschaft, Wissenschaft und Kultur sichtbar, erzählt ihre Geschichten und Perspektiven. In der Dauerausstellung des Museums werden unterschiedliche Frauen- und Göttinnendarstellungen gezeigt, von der Steinzeit bis in die Gegenwart, welche die Verbindungen zwischen dem Weiblichen und der Weisheit anschaulich machen.

Die umfangreiche Sammlung des Museums umfasst neben über 400 archäologischen Exponaten, zahlreichen kulturhistorischen Gegenständen und Dokumenten wie Bücher, Audiomaterial, Plakate und Kleidung eine hochkarätige Kunstsammlung mit Werken von international renommierten wie hiesigen zeitgenössischen Kunstschaffenden.

Als Ort für einen offenen Dialog und Wissenstransfer sind die Ausstellungen stets begleitet von einem umfangreichen Vermittlungsangebot wie etwa Führungen, Workshops, Künstlergesprächen und Stadtrundgängen.

Für seine Arbeit wurde das Museum 1997 mit dem Kulturpreis der Landeshauptstadt Wiesbaden ausgezeichnet, wurde 2020 vom Hessischen Ministerium für Wissenschaft und Kunst zum Museum des Monats gekürt und ist heute eine international anerkannte Einrichtung im Herzen Wiesbadens.

www.frauenmuseum-wiesbaden.de

92 Konkrete Abstraktion

Neubau Museum Reinhard Ernst
—> Wilhelmstraße 1, 65185 Wiesbaden

Direkt neben dem Museum Wiesbaden und gegenüber dem RheinMain CongressCenter befindet sich das jüngste Museum der hessischen Landeshauptstadt, das Museum Reinhard Ernst (mre). Der beeindruckende, futuristisch anmutende Bau des japanischen Architekten Fumihiko Maki fügt sich ein in die sogenannte »Kulturmeile« Wiesbadens, die bei der Murnau-Stiftung beginnt und beim Kurhaus endet.

Das mre wird komplett von der Stiftung Reinhard & Sonja Ernst getragen und ist das erste Kunstmuseum, das seit über 100 Jahren in Wiesbaden eröffnet wurde. Gezeigt wird ausschließlich moderne, abstrakte Kunst, die der Stifter im Laufe der Jahre auf der ganzen Welt zusammengetragen hat. Schließlich entstand die Idee, diese Sammlung, bestehend aus über 800 teils monumentalen Kunstwerken, der Öffentlichkeit zugänglich zu machen und daneben Leihgaben aus anderen Museen zu präsentieren. Zu den Exponaten zählt etwa ein gut drei Tonnen schweres Glaskunstwerk von Katharina Grosse. Darüber hinaus erwarten die Besucher hier Graffitikunst von Claudia Walde (MadC), abstrakte japanische Kunst der Gutai-Gruppe sowie Werke amerikanischer Expressionisten und deutsche Nachkriegskunst mit dem Schwerpunkt auf Künstlergruppen. Außerdem befindet sich in der Sammlung Reinhard Ernst die weltweit größte private Sammlung der Künstlerin Helen Frankenthaler.

Zum Museumsprogramm gehören wechselnde Ausstellun-

gen, öffentliche Vorträge und Veranstaltungen sowie kunstpädagogische Angebote für Kinder.

www.museum-reinhard-ernst.de

93

Nicht kleckern, klotzen, könnte man ganz unmuseal sagen. Aber gut – wir befinden uns auch in der hessischen Landeshauptstadt, da darfs dann einfach auch ein bisschen mehr Museum

Natürlich ästhetisch

Museum Wiesbaden
(Hessisches Landesmuseum für Kunst und Natur)
—> Friedrich-Ebert-Allee 2, 65185 Wiesbaden

sein. Spannend sind vor allem die abwechslungsreich gehaltenen Galerien mit ihren weiträumigen Durchblicken und die großzügig gestalteten Räume, die stets aufs Neue anregende Begegnungen mit Natur und Kunst ermöglichen.

Das Haus, bzw. seine Museumssammlung, hat eine lange Geschichte und geht auf bürgerschaftliches Engagement im 19. Jahrhundert zurück. Erwähnenswert ist vor allem auch, dass die Amerikaner nach Ende des Zweiten Weltkriegs hier ihren »Central Collecting Point« eingerichtet und unter anderem Kunstschätze wie die Büste der Nofretete und das aus dem Umkreis Rembrandts stammende Bild »Mann mit dem Goldhelm« bis zu ihrer Rückgabe hier eingelagert hatten.

In den 1950er und 1960er Jahren begann man dann mit der Wiedereinrichtung der Sammlungen. In diese Zeit fällt auch der beginnende Aufbau der heute wertvollsten und bedeutendsten Kollektion der Kunst, der Jawlensky-Sammlung. Der russische Expressionist lebte von 1921 bis zu seinem Tod 1941 in Wiesbaden und ist hier auf dem russischen Friedhof begraben.

Die Dauerausstellung der Naturhistorischen Sammlungen »Ästhetik der Natur« schlägt in ihrer Präsentation von annähernd 5.000 Tieren, Pflanzen und Fossilien eine Brücke zwischen Kunst und Natur: Während man sich auf Entdeckungstour der Erd- und Evolutionsgeschichte macht, wird man schier umgehauen von der bemerkenswerten Farb- und Formenvielfalt der Natur. Ungeheuerlich!

www.museum-wiesbaden.de

94 Ganzheitliche Erfahrungen

Schloss Freudenberg
—> Freudenberger Straße 224–226, 65201 Wiesbaden

Einst Lustschloss, dann Offizierskasino der französischen, dann der amerikanischen Armee, Sommersitz des Wiesbadener Palasthotels, Kinder- und »Lebensborn«-Mütterheim, Priesterseminar und seit 1993 schließlich ein Ort, an dem man ganzheitlich seine Sinne schärfen und mannigfaltige Erfahrungen machen kann.

Ein Familienunternehmen – gegründet von Matthias Schenk und seiner Frau Beatrice Dastis und seit ein paar Jahren nun unter der Leitung ihrer Tochter Katharina. In diesem einzigartigen Erlebnisraum, der sich nicht nur auf die Schlossräume, sondern auch auf den 14 Hektar großen Park erstreckt, und wo alles eigentlich ein Gesamtkunstwerk ist, treffen Möglichkeitssinn auf Wirklichkeitssinn, Realismus auf Fantasie und jeder kann ausprobieren, was alles geht. Es geht darum, sich seiner Eindrücke bewusst zu werden und Erfahrungen zu machen, die nachwirken. Etwa, wenn man in der Dunkelbar sitzt und dann buchstäblich blind versucht, die passenden Geldstücke zu ertasten. Oder wenn man draußen im Park versucht, die Simultanschaukel in Schwingung zu versetzen oder im Musikraum einen Stein singen hört oder am riesigen Tamtam ein Mark und Bein erschütterndes Gewitter erzeugt. Oder wenn man auf dem Barfußpfad balanciert. Oder, oder, oder …

Ein Besuch auf Schloss Freudenberg ist niemals gleich. Und immer – wirklich immer! – entdeckt man etwas Neues, nimmt man Details wahr, die man noch nie gesehen hat, taucht ein in immer neue Welten. Obwohl man schon so oft

hier war! Aber genau darum geht es ja an diesem verwunschen schönen Glücksort, im »Erfahrungsfeld zur Entfaltung der Sinne und des Denkens«.

www.schlossfreudenberg.de

Wenn einem so viel Gutes widerfährt, das ist schon einen … wert.« Ja, wer kennt ihn nicht, diesen alten Werbeslogan, mit dem der Spirituosenkonzern Asbach Uralt jahrzehntelang geworben hat. In die alten Salons der ehemaligen Chefetage der Asbach Uralt Brennerei in Rüdesheim

95 Mechanische Künste

Mechanicum;
Siegfrieds Mechanisches Musikkabinett
—> Am Rottland 6, 65385 Rüdesheim;
Oberstraße 29, 65385 Rüdesheim

ist jüngst das Mechanicum eingezogen und begeistert Groß und Klein. Schillernde Murmelbahnen, fliegende Schweine und faszinierende Kunstobjekte – die Gründer Annemarie und Jörg Wendel präsentieren hier eine Sammlung von Automaten und kinetischen Objekten aus mehreren Jahrhunderten, konstruiert und gebaut von Künstlern aus aller Welt.

Auf Knopfdruck kommt Bewegung ins Geschehen – wenn es im Leben doch immer so einfach wäre ... Jedes der mehr als 100 Ausstellungsstücke muss mit Pedal, Knopf oder Bewegungsmelder in Gang gebracht werden. Mit diesem Zweig führt die Familie Wendel ihre Tradition im Feld der mechanischen Künste fort, denn wenige Schritte von der Drosselgasse entfernt bieten sie mit »Siegfried's Mechanisches Musikkabinett« noch mehr Erstaunliches. Im altehrwürdigen Rüdesheimer Brömserhof entdecken Besucher auf 600 Quadratmetern nämlich eine unvergleichliche Sammlung von mehr als 400 mechanischen Musikinstrumenten. In einem ca. 45-minütigen Rundgang, einer musikalischen Zeitreise in die Tanzsäle und Wohnzimmer vergangener Zeiten, wird eine breite Auswahl von mechanischen Musikinstrumenten vorgestellt und erklärt. Daher ist der Besuch der Ausstellung nur im Rahmen von geleiteten Führungen möglich.

www.mechanicum-asbachgsasse.de:
www.smmk.de

Nicht nur für Närrinnen und Narrhalesen

Mainzer Fastnachtsmuseum
→ Neue Universitätsstraße 2,
55116 Mainz

96

»Mainz bleibt Mainz, wie es singt und lacht« ist nicht nur der Name einer unter Karnevalisten beliebten Fernsehsendung, sondern alle Jahre wieder Programm in der rheinland-pfälzischen Landeshauptstadt, die als eine der närrischen Hochburgen überhaupt gilt. Aber warum ist das so? Das Mainzer Fastnachtsmuseum hat sich auf die Fahnen geschrieben, Licht in dieses Dunkel zu bringen. Oder müsste man nicht eigentlich sagen, »Hell« – schließlich ist die Welt, um die sich in dem Ausstellungshaus auf gut 350 Quadratmetern alles dreht, alles andere als düster, sondern quietschend bunt und grell.

Die Anfänge der Mainzer Fastnachtstradition reichen bis ins 16. Jahrhundert zurück, doch erst im 19. Jahrhundert wurden dann offiziell die ersten Fastnachtsvereine gegründet. Das im Jahr 2004 eröffnete Mainzer Fastnachtsmuseum zeigt die Geschichte der »Määnzer Fassenacht« seit 1837. Zu sehen sind unter anderem Orden, Narrenkappen, Zepter, Gardeuniformen, Plakate, Texte, Liederhefte und Fotos. Außerdem gibt es eine große Zahl von Videodokumenten und die Besucher können, wenn sie wollen, in eine

Original-Bütt steigen und eine Rede halten oder sich als Narr fotografieren lassen. Die Dauerausstellung beantwortet alle für die Mainzer Fastnacht relevanten Fragen und wird durch regelmäßige Sonderausstellungen ergänzt – »Das hebt die Stimmung, ja da kommt Freude auf! Und dann geht es: Humba, Humba, Humba, tätärä« … Übrigens: Ohrwurm gern geschehen!

www.mainzer-fastnachtsmuseum.de

Und gleich noch ein Superlativ: Schließlich ist das Gutenberg Museum eines der ältesten Druckmuseen der Welt. Es wurde im Jahr 1900 von Mainzer Bürgern gegründet und ist dem »Mann des Jahrtausends«, Johannes Gutenberg, und dessen Erfindungen gewidmet.

Hier werden die Besucher eingeladen, sich auf eine einzigartige Reise durch die Welt

Viel mehr als Schwarz auf Weiß

97

Gutenberg Museum
—> Liebfrauenplatz 5, 55116 Mainz

der Buch-, Druck- und Schriftgeschichte zu begeben. Zu den größten Schätzen des Museums gehören zwei originale Gutenberg-Bibeln aus der Mitte des 15. Jahrhunderts. Auch die rekonstruierte Gutenberg-Werkstatt zählt zu den Hauptattraktionen. Hier wird jeden Tag stündlich demonstriert, wie zu Gutenbergs Zeiten gedruckt wurde. Ein moderner Film führt in Leben und Werk Gutenbergs ein. In wechselnden Sonderausstellungen werden Beispiele historischer und moderner Buch- und Druckkunst und Typografie gezeigt und der Bogen zum 21. Jahrhundert geschlagen. Darüber hinaus kann man sich hier umfassend über europäische und außereuropäische Drucktechnik, über die Buchkunst vieler Jahrhunderte, über die Geschichte des Papiers und der Schrift, über Pressegeschichte und vieles mehr informieren. Die Sondersammlungen umfassen Akzidenzen und Exlibris, Grafiken und Plakate, Pressendrucke (Kleinverlage) und Künstlerbücher. Diese können (allerdings nur mit Voranmeldung!) in der Gutenberg-Bibliothek eingesehen werden.

Spannend ist auch ein Besuch in der museumspädagogischen Werkstatt: Hier im Druckladen kann jeder unter fachkundiger Anleitung selbst das Setzen und Drucken ausprobieren und kreativ werden.

www.gutenberg-museum.de

Die Terrasse der Sektkellerei Kupferberg für sich ist schon eine Sehenswürdigkeit. Und darüber hinaus gibt es davon noch einige mehr an diesem wunderbaren Ort, denn die alte Kellerei auf dem Mainzer Kästrich beherbergt nicht nur ein Restaurant, sondern auch das Kupferberg Museum, wo die Besucher in die Geschichte des »moussierenden Weins«, des Sekts, eintauchen können.

Geschichte, die prickelt

Kupferberg Museum

—> Besucherzentrum Haus Kupferberg, Kupferbergterrasse 17–19, 55116 Mainz

98

1888 wurde unter dem Haupthaus der dort gelegenen Sektkellerei Kupferberg im mittelalterlichen Gewölbekeller der tiefste Sektkeller der Welt errichtet, der bis zu 50 Meter unter dem Erdreich liegt: »60 Kellerräume in sieben Schichten unter der Erde«, so heißt es auf einem Informationsschild. Hier lagern unter anderem reich verzierte Eichenholzfässer, in denen einst Wein für die Sektproduktion aufbewahrt wurde. Ein besonderes Exemplar ist – neben dem »Gutenbergfass« – das extra angefertigte, reich verzierte »Schützenfass« aus dem Jahr 1894. Sehenswert ist auch die weltweit größte Sammlung an Sekt- und Champagnergläsern. Nicht zu vergessen der original erhaltene »Traubensaal«! Dieser Pavillon aus schmiedeeisernem Weinlaub, Trauben und Ranken wurde für die Weltausstellung 1900 in Paris entworfen und gilt als ein Meisterwerk des Jugendstils.

Das alles und noch viel mehr – etwa 2.000 Jahre alte Weinkrüge und Amphoren oder auch Otto von Bismarcks ehemaliges »Bureau des Auswärtigen Amtes« – sieht man bei einer exklusiven Führung. Nach so viel Geschichte wird es Zeit für ein Sektchen. Wohl bekomm's!

www.kupferberg-mainz.de

MUSEUM

Mund zu, Augen auf!

99

Landesmuseum Mainz
—> Große Bleiche 49–51,
55116 Mainz

An der großen Bleiche, mitten in der Mainzer Innenstadt, befindet sich das Mainzer Landesmuseum in einem barocken Gebäude, dem ehemaligen kurfürstlichen Marstall in der späteren »Golden-Ross-Kaserne«. Eine moderne Glas- und Stahlkonstruktion zum Innenhof komplettiert das reizvolle Ensemble des grundlegend modernisierten und barrierefreien Museumsbaus – allein der ist schon beeindruckend. Für seinen inklusiven Ansatz hat das Haus zahlreiche Auszeichnungen erhalten. Und wenn man dann auch noch hört, dass das Landesmuseum Mainz eines der ältesten kunsthistorischen Museen Deutschlands ist, kommt man aus dem Staunen nicht so schnell wieder heraus. Mit seinen vielfältigen Beständen und bedeutenden Sammlungen ist es eng mit der Geschichte von Mainz und der Region des heutigen Rheinland-Pfalz verbunden.

Die bedeutende kunst- und kulturgeschichtliche Sammlung des Museums erstreckt sich von den Anfängen der Kultur bis zur Kunst der Gegenwart. Neben archäologischen Funden, Gemälden, Skulpturen, Möbel und Porzellan aus verschiedenen Epochen werden ebenso Objekte zur Mainzer Stadtgeschichte, Judaica, Jugendstilglas und die umfangreiche Grafische Sammlung präsentiert. Das begleitende museumspädagogische Programm richtet sich an alle ab drei Jahren.

www.landesmuseum-mainz.de

Leitfossilien und mehr

100

Stöffel-Park
—> Stöffelstraße 1,
57647 Enspel

Einst war der Stöffel-Park das größte zusammenhängende Basaltabbaugebiet im Westerwald und bis zum Jahr 2000 einer der größten Arbeitgeber in der Region. Dann wurde der Betrieb eingestellt. Heute befindet sich auf dem Gelände einerseits ein lebendiges Industriemuseum, in dem unter anderem die alten Förderanlagen und die Schmiede besichtigt werden können. Denn hier wurden die alten Anlagen im Laufe der Zeit nicht wie andernorts abgerissen, sondern durch Neuerungen ergänzt, sodass die Besucher die Geschichte des Basaltabbaus vom Beginn bis zur Stilllegung sehr lebendig nachvollziehen können.

Andererseits ist der alte Steinbruch heute nicht nur ein Kunstraum, sondern auch Lebensraum zahlreicher Tiere und Pflanzen. Außerdem können die Besucher hier 25 Millionen Jahre Erdgeschichte erleben, denn dank des Basaltabbaus tauchten im Stöffel spannende Fossilienfunde auf, durch die dieser Ort zu einer der weltweit bedeutendsten Tertiär-Fossillagerstätten zählt. Seit April 2016 können alle Fossilienfunde des Stöffel-Parks im Tertiär-Museum »Tertiärum« bestaunt werden. Darunter neben Kormoran, Hühnervogel, Salamander oder Karpfenfisch auch die berühmte »Stöffel-Maus«, die buchstäblich mit Haut und Haaren erhalten geblieben ist. Bis heute gilt sie als sogenanntes »Leitfossil« und ältester Nachweis, dass es Nagetiere gegeben hat, die sich mittels Gleitflug fortbewegen konnten. Sie hat

nicht nur einen eigenen Raum innerhalb des Museums erhalten, sondern sogar einen goldenen Schrein.

www. stoeffelpark.de

Kaum eine Kunstrichtung begeistert die Massen so wie der Expressionismus. Und er gilt als einer seiner schillerndsten Protagonisten: Ernst Ludwig Kirchner. Porträts, Aktmalerei, Landschaften, Stadtansichten, Varieté-Szenen – nahezu jeder kennt die Bilder des Mitbegründers der einflussreichen Künstlergruppe »Brücke«.

Wurzeln eines Jahrhundertkünstlers

101

KirchnerHAUS
—> Ludwigstraße 19,
63739 Aschaffenburg

Was allerdings nur die wenigsten wissen: Ernst Ludwig Kirchner ist ein Kind der Region. Denn am 6. Mai 1880 wurde er in der Großen Bahnhofstraße 217D – heute Ludwigstraße 19 – in Aschaffenburg geboren und verbrachte dort seine ersten sechs Lebensjahre. Prägende. »Ich bin am Bahnhof geboren. Das erste, was ich im Leben sah, waren die fahrenden Lokomotiven und Züge, sie zeichnete ich, als ich drei Jahre alt war. Vielleicht kommt es daher, dass mich besonders die Beobachtung der Bewegung zum Schaffen anregt. Aus ihr kommt mir das gesteigerte Lebensgefühl, das der Ursprung des künstlerischen Werkes ist«, schreibt Kirchner 1930 in seinem Davoser Tagebuch. Der Verein KirchnerHAUS Aschaffenburg hat in dem Haus, welches beide Weltkriege nahezu unbeschadet überstand, in der früheren Wohnung der Familie einen Dokumentationsraum zur Kindheit Kirchners eingerichtet. Hier können Besucher eintreten in die Welt, die diesen außergewöhnlichen Künstler inspirierte und seine künstlerische Sensibilität formte. In weiteren Räumen im Erdgeschoss finden regelmäßig hochrangige Ausstellungen zum Thema Kirchner und Expressionismus, bemerkenswerte Vorträge und interessante Veranstaltungen statt.

www.kirchnerhaus-aschaffenburg.de

Die Autoren

Julia Söhngen ist gebürtige Frankfurterin. Neugierig nicht nur aus beruflichen Gründen, liebt es die Journalistin und Autorin, Neues zu entdecken und darüber zu schreiben.

Für den seit jeher in der Mainmetropole beheimateten Journalisten **Bernd Buchterkirch** ist Frankfurt eine Stadt mit vielen Gesichtern und Gegensätzen, die eine besondere Energie erzeugen und in der es fortwährend Neues zu entdecken gibt. »Iwwer Frankfort geht nix!«, fand einst Friedrich Stoltze. Dem ist nur wenig entgegenzusetzen.

Hessen

REGIERUNGS-
BEZIRK
KASSEL
51
52
55
50
54
53
KASSEL
SCHWALM-
EDER-
KREIS
56
MARBURG-
BIEDENKOPF
59
62
74
LAHN-DILL-
KREIS
00
45
43
44
GIEßEN
VOGELSBERG-
KREIS
FULDA
73
71
72
57
60
58
LIMBURG-
WEILBURG
80
89
WETTERAUKREIS
HOCH-
TAUNUS
78
83
87
88
02
01
MAIN-
KINZIG-KREIS
61
77
82
85
48
49
86
RHEINGAU-
TAUNUS
81
46
FRANKFURT
79
84
47
94
WIESBADEN
OFFENBACH
95
RHEIN
76
70
101
ASCHAFFENBURG
75
99
MAINZ
GROß-
GERAU
DARMSTADT
97
04
07
96
MAIN
98
06
05
03
DARMSTADT-
DIEBURG
63
64
BERGSTRAßE
ODENWALD

Frankfurt

NIEDER-ESCH-BACH
HARH
KALBACH-RIEDBERG
ESCHERS-HEIM
FRANK-FURTER BERG
NIEDER-URSEL
HEDDERN-HEIM
15
PRAUN-HEIM
GINN-HEIM
ECKEN-HEIM
20
RÖDELHEIM
HAUS-EN
SOSSENHEIM
36
16
27
17
UNTER-LIEDERBACH
34
ZEILS-HEIM
HÖCHST
NIED
GRIES-HEIM
SIND-LINGEN
41
SCHWAN-HEIM
NIEDER-RAD
14
SACHSEN-HAUSEN-SÜD
INNENSTADT
31
40
13
18
30
39
38
21
19
11
35
23
26
08
25
ALTSTADT
BAHNHOFS-VIERTEL
29
24
12
09
37
32
42
28
33
SACHSEN-HAUSEN-NORD
Detailansicht Stadtkern

NIEDER-
ERLENBACH
BORNAMES
ERSHEIM
BERGEN-
ENKHEIM
FECHEN-
HEIM
Offenbach
67
68
66
65
69
90
MITTE
91
92
WESTEND
93
BIERSTADT
SÜDOST
ERBENHEIM
BIEBRICH
Wiesbaden

BILDNACHWEIS

7 PM Studios Pfingstmann und Mayer GbR: S. 21
Albert, Fritz: S. 10
Antoine J A: S. 68
Bad Nauheim Stadtmarketing und Tourismus GmbH Schmuckhof Badehaus: S. 180
Bibelhaus Frankfurt: S. 25
Bircken, Alexandra/Fridericianum: S. 111
Brichta, Laura/Dialogmuseum: S. 32
Buder, Anselm/MSPT: S. 71
Buderus Zentralheizungsmuseum: S. 96
Caricatura: S. 108
Central Garage: S. 161
Copyright Keltenwelt am Glauberg: S. 183
Copyright Höhlenverein Kubach e.V.: S. 166
Costard, Carsten 2020: S. 200
Dettmar, U./AMF: S. 22
Dettmar, Uwe: S. 85
Deutsches Drachenmuseum e.V.: S. 132
Deutsches Polizeioldtimer Museum Marburg: S. 131
Deutsches Segelflugmuseum mit Modellflug: S. 150
Digital Retro Park: S. 138
Dommuseum Fulda 2020: S. 153
Eintracht Frankfurt Museum GmbH: S. 34–35
Englert, Alexander Paul/Freies Deutsches Hochstift: S. 29
Englert, Alexander Paul/Freies Deutsches Hochstift/Frankfurter Goethe-Museum: S. 48
Ernst-May-Gesellschaft: S. 37
EXPERIMINTA ScienceCenter: S. 39
Fickert, Bernd: S. 192
Fischer, Andreas: S. 107, 116
fmw Wiesbaden: S. 188
Fotostudio Paavo Blafield, Kassel: S. 119
Gahmann, Christoph: S. 162-163
Guenzel, Wolfgang: S. 91
Kirchnerhaus Museum Aschaffenburg 2019: S. 208
Konrad, Birgit/Point Alpha Stiftung Blick durch Grenzzaun: S. 154
Kösling, Stefanie/HMF: S. 58
Kösling, Stefanie,»Das Geheimnis des weißen Goldes½, Familytour mit Bettina Tenge-Lyazami, Februar 2016 CC-BY-SA 4.0 Porzellan Museum Frankfurt: S. 75
Krieglsteiner: S. 146
Kupferberg Mainz: S. 202
LEICA Welt: S. 120
Lemnitzer, Thomas: S. 141
Leukel, Michael/SG: S. 134
Lufft, Marek/Schlossmuseum Darmstadt: S. 19
Mainzer Fastnachtsmuseum: S. 199
Malz, Simin/Offenbach Klingspor Museum Beyond the Archive: S. 142
Mannel, Sascha: S. 113
Marburger, Helbig/Reinhard & Sonja Ernst-Stiftung, Museum Reinhard Ernst: S. 191
Mathias, Ulrich: S. 13, 16
Mechanicum: S. 196
Medienzentrum Hanau-Bildarchiv: S. 99, 104
Miguletz, Robert: S. 26
Miguletz, Norbert/Frankfurter Kunstverein: S. 45
Miguletz, Norbert: S. 57, 61, 145
Miguletz, Norbert/Liebieghaus Skulpturensammlung: S. 62
Möllenberg, Frank: S. 157, 158
Museum GLSH Stiftung: S. 50
Museum Sinclair Haus: S. 170
Nationales Automuseum Loh Collection: S. 124
Nölke, Uwe: S. 47
one more picture: S. 128
Petri, Elvira: S. 9
Piwowar, Emily/Nói Crew, Schirn Kunsthalle Frankfurt 2023: S. 76
Pixabay: S. 123
Polekhina, Diana: S. 187
Rademacher, Guenzel: S. 54, 65
Reuß: S. 89
Rose, Uwe: S. 207
Rosenmuseum Steinfurth: S. 184
Rothenberger, Claudia/Römerkastell Saalburg: S. 172
Rudischer, U./GDKE RLP Landesmuseum Mainz: S. 204
Schittko, Robert: S. 14
Schloss Freudenberg: 195
Schneider, Axel: S. 66
Schueler, Sophie: S. 30
Schulmuseum Kriftel: S. 175
self-work, gemeinfrei, wikimedia.org: S. 149
Siquier, Carlos Pérez, Cádiz, 1973, Copyright VG Bild-Kunst, Bonn 2022: S. 42
Spratt, Annie: S. 86
Sommer, Eugen: S. 176
Städel Museum: S. 81
Stadt Hochheim: S. 165
Stellwagen, A./Deutsches Ledermuseum: S. 137
Stiftung Kronberger Malerkolonie: S. 168-169
Stoltze-Museum d. Frankfurter Sparkasse: S. 82
Thies, Niels: S. 73
Tränkner, Sven/Senckenberg Naturmuseum: S. 79
VdFw, S. 100
Wagner, Jörd/Gießkannenmuseum: S. 92
Wegst, Rolf K./Mathematikum: S. 95
Welzel, Petra/HMF: S. 53
Wiebel, Joachim/HPUSM: S. 103
Wirkus, Maja: S. 115